the parenting children course

ritrovarSI+genitori

per genitori di bambini da 0 a 10 anni

Guida per coppie ospitanti

© 2011 Alpha International
Tutti i diritti sono riservati.

Versione in lingua italiana adattata al contesto italiano,
a cura della Fondazione "Famiglia Dono Grande",
piugenitori@misterogrande.org.

È vietata la riproduzione totale o parziale di questo manuale, la trasmissione in qualsiasi forma o con qualsiasi mezzo, elettronico o meccanico, inclusa la fotocopiatura, la registrazione o qualsiasi altro dispositivo di memorizzazione delle informazioni e sistemi di salvataggio dei dati senza il permesso scritto del titolare dei diritti d'autore o di un suo agente espressamente autorizzato.

Prima edizione in inglese: 2001
Questa edizione in inglese: giugno 2009
Prima edizione in italiano: 2012
Questa edizione in italiano: 2015

Tutti i diritti sono riservati.
Edito da Alpha International,
HTB Brompton Road, Londra SW7 1JA
publications@alpha.org, relationshipcentral.org

Indice

Benvenuto

Carissime coppie ospitanti, a nome degli autori Nicky e Sila Lee e di tutti i collaboratori del The Parenting Children Course in Italia, vogliamo darvi il nostro più caloroso benvenuto nella famiglia delle coppie ospitanti d'Italia. Siamo davvero contenti che siate giunti fino a qui, desiderosi di iniziare ad offrire questo prezioso servizio, a beneficio di molti genitori, coppie e famiglie.

Il **The Parenting Children Course** è un corso in cinque (o dieci) sessioni, una a settimana per cinque (o dieci) settimane, ideato per aiutare genitori in coppia, sposati, non sposati, single o adottivi a rafforzare la relazione con i propri bambini di età da 0 a 10 anni. È un corso pratico, semplice e con un linguaggio accessibile a tutti. Tutti i partecipanti sono benvenuti indipendentemente se genitori in coppia o single, se credenti o non credenti, se stanno vivendo un periodo di difficoltà o di serenità. Il corso si dimostra efficace in tutti i casi. Al The Parenting Children Course possono partecipare anche nonni, zii, o chiunque abbia a che fare con i bambini e la loro educazione.

Il The Parenting Children Course nasce nel 1990 dai coniugi **Nicky e Sila Lee** di Londra, sposati e con quattro figli. Dalla prima pubblicazione dei materiali, avvenuta nel 2011, il corso si è diffuso ampiamente e velocemente nel mondo assieme al The Parenting Teenagers Course, per i genitori di figli da 11 a 18 anni. I suoi benefici? Moltissimi. Aiuta i genitori a costruire una forte relazione con i propri bambini, a crescere nella fiducia nelle proprie capacità, a non sentirsi soli o isolati in questo compito, ma in cammino con altri genitori.

In Italia, il The Parenting Children Course è offerto in partnership con la Fondazione Famiglia Dono Grande[1] in collaborazione con centinaia di coppie

---

1 La **Fondazione Famiglia Dono Grande** è una fondazione nazionale senza fini di lucro riconosciuta dallo Stato Italiano e dalla Chiesa Cattolica. Costituisce il contenitore del **Progetto Mistero Grande**, un progetto avente lo scopo di promuovere la bellezza del Sacramento delle Nozze, sostenendo chi ne soffre la mancanza o l'inconpiutezza e sollecitando chi la vive a mettersi al servizio degli altri. La Fondazione si avvale del prezioso servizio **dell'Associazione Servi Familae** e di numerosi volontari in tutta Italia. Offre molte iniziative dedicate agli sposi, ai fidanzati, alle coppie risposate, alle persone separate, ai genitori.
Per informazioni: www.misterogrande.org.

di sposi in tutte le regioni. Accanto al titolo originale The Parenting Children Course è stato aggiunto il sottotitolo **RitrovarSI+genitori**, il quale vuole esprimere la forza del metodo e i risultati che si possono raggiungere. Un rinnovo di quel promessa, quel "si", che ogni giorno ogni genitore offre al proprio figlio, e che per i genitori cristiani ricorda quella promessa, quel "si", del giorno del battesimo.

In questa guida sono riportate alcune indicazioni utili e precise, quasi sempre nella forma di domande e risposte, che vi suggeriamo e incoraggiamo a seguire con attenzione. Vi saranno di grande aiuto, vedrete. Vi aiuteranno a scandire i diversi momenti ed a utilizzare i materiali in maniera semplice ed efficace, in uniformità e armonia con tutti gli altri corsi in Italia e nel mondo. Per brevità e semplicità useremo spesso la sigla **TPCC** come acronimo per The Parenting Children Course RitrovarSI+genitori.

Per la **fedeltà allo spirito dell'iniziativa e al metodo**, per il rispetto dovuto agli autori, e per garantirne la fruibilità ad un maggior numero di genitori possibile in Italia, vi preghiamo di tenere questi materiali riservati a vostro uso esclusivo e nel contesto del corso.

E infine, un **grazie di cuore a Nicky e Sila** per aver concesso alla Fondazione Famiglia Dono Grande l'autorizzazione per il coordinamento e la diffusione in Italia del The Parenting Children Course, e a tutti voi per questa vostra grande disponibilità ad aprire la porta di casa per far gustare l'amore di Dio a tutti i genitori che accoglierete.

Mons. Renzo Bonetti
Presidente della Fondazione Famiglia Dono Grande

Introduzione

Il The Parenting Children Course in Italia è offerto **nelle case di coppie di sposi** in un clima speciale, accogliente e rilassante. Si inizia con un momento di benvenuto e si prosegue con la visione di spezzoni di video, alternati da momenti di pausa, accompagnati da un tè, un caffè e un dessert, e che i partecipanti utilizzano per conversare tra loro sui temi trattati e per svolgere gli esercizi di volta in volta proposti.

Organizzare un TPCC nella propria casa è molto semplice e piacevole. Non richiede una specifica preparazione della coppia ospitante, come neppure una sua particolare attitudine o formazione. Si concilia perfettamente con i tempi e le esigenze di una famiglia. Aiuta la coppia ospitante a crescere nell'accoglienza e nella consapevolezza della missione di sposi cristiani nel mondo. Il corso è inoltre di grande aiuto nell'educazione dei propri figli, i quali, osservando i genitori all'opera nella preparazione della casa, imparano i linguaggi dell'accoglienza, dell'amore e della fede cristiana.

Nell'organizzare un TPCC, non perdete mai di vista la sua **formula speciale**, riportata in figura.

La formula del Parenting Children Course

Il corso non chiede alla coppia ospitante di insegnare o di fare discorsi, ma solamente di fare cio' che le è più naturale: essere coppia accogliente nella propria casa. E questo nei gesti più semplici come il benvenuto iniziale, la preparazione di un dolce, lo stare assieme, la conversazione, il guardare insieme un video in salotto, il bere un caffè o un tè, il salutarsi. È proprio in questi gesti che il TPCC diviene esperienza concreta, originale ed autentica di amore donato e ricevuto.

Fate in modo che tutto cio' che preparerete e predisporrete sia curato, tenendo sempre presente i vostri ospiti e l'importanza di cio' che state offrendo. Siate creativi nel preparare l'ambiente e nello stesso tempo fedeli alle indicazioni sintetizzate in questa guida. Questo permetterà all'intera iniziativa di diffondersi in Italia e nel mondo in modo uniforme e ordinato, a vantaggio di tutti i genitori che parteciperanno e del bene che ne trarranno come famiglia.

Aspetti generali

In questo paragrafo, approfondiremo alcuni aspetti tra i più importanti da tenere presente all'inizio di ogni nuovo TPCC. Lo faremo attraverso una sequenza di domande e risposte brevi.

A chi e' rivolto il corso?

Il corso nasce e si fonda su principi cristiani, ma non si limita ai soli partecipanti cristiani: è adatto ed efficace per ogni genitore purché sia disposto a lavorare sulla relazione con i propri figli. Non importa quindi se credente o non credente, se sposato o non sposato, se genitore da pochi mesi o da diversi anni, né che abbia una relazione forte con i propri figli o che stia vivendo un momento di difficoltà. Il TPCC è una opportunità preziosa per tutti i genitori o per chiunque abbia a che fare con l'educazione dei bambini.

Chi puo' diventare coppia ospitante?

La coppia ospitante è innanzitutto una **coppia di sposi cristiani,** che vuole essere famiglia che accoglie nella gioia. È una coppia capace di rendere la propria casa un luogo accogliente, amichevole e divertente. Un luogo dove le persone vengono volentieri e dove si sentono a proprio agio.

È una coppia che ha una grande passione per il dono delle nozze e che sa che in esso vi è una particolare e continua presenza di Gesù, che si impegna per la crescita della propria relazione e che sente il desiderio di comunicare tale bellezza ad altri.

Come si puo' diventare coppia ospitante?

Diventare coppia ospitante del TPCC è molto semplice.
È sufficiente richiedere l'abilitazione alla Fondazione Famiglia Dono Grande, attraverso il sito www.misterogrande.org.

Per l'abilitazione sono necessarie tre cose:

1. essere coppia di sposi cristiani;
2. aver frequentato un weekend di training del TPCC tra quelli che la Fondazione Famiglia Dono Grande organizza periodicamente;
3. aver partecipato in coppia ad un TPCC completo (cinque o dieci sessioni). Nel caso questo non fosse possibile, ad esempio per la mancanza di corsi attivi nella propria zona, è possibile tenere un corso pilota a casa propria, insieme ad altri genitori interessati a loro volta al TPCC.

Per i corsi offerti nel contesto cattolico, è richiesto che la coppia ospitante abbia celebrato il sacramento delle nozze.

A cosa serve l'abilitazione?

L'abilitazione serve per entrare a tutti gli effetti nella famiglia delle coppie ospitanti d'Italia autorizzate ad offrire il TPCC.

Di conseguenza, consente di:

- ricevere il **codice coppia ospitante;**
- ordinare e ricevere i materiali necessari per i corsi;
- registrare l'inizio di ogni nuovo corso;
- rimanere collegati a tutti gli altri corsi attivi nella regione e in Italia;
- ricevere periodicamente informazioni, video e novità riguardanti il TPCC in Italia e nel mondo;
- ricevere informazioni su altre iniziative da proporre ai partecipanti come continuazione del cammino iniziato con il TPCC.

Dove si svolge il corso?

Il TPCC si svolge **nelle case,** in un clima accogliente e rilassante. Preparando l'ambiente, un drink, del cibo dolce e/o salato, la musica di sottofondo e la proiezione dei DVD, la coppia ospitante fa in modo che tutti i partecipanti si sentano accolti e a proprio agio.

Perche' nelle case?

Per offrire alle coppie di sposi ospitanti uno strumento efficace per crescere nella consapevolezza della propria identità di sposi e della missione a cui sono chiamati.

- **Identità:** essere piccola chiesa domestica nella quale Gesù vivo è presente e agisce in modo permanente.

- **Missione:** "far gustare" ad altri l'amore di Gesù. Questo non per mezzo di discorsi o catechesi bensi' ponendo in atto i gesti d'amore concreti, comuni, gratuiti di una famiglia (accogliere in casa, condividere del cibo e i racconti della vita quotidiana, ecc.).

Il corso aiuta inoltre a risvegliare e motivare le coppie ospitanti nel loro essere dono a servizio della Chiesa, con grandissimi frutti in termini di prima evangelizzazione per i partecipanti. Il TPCC funziona infatti particolarmente bene e risulta invitante per genitori lontani da percorsi di fede.

Come si attiva un corso?

Attivare un nuovo TPCC è molto semplice. È sufficiente registrarlo presso il sito www.misterogrande.org con **almeno un mese di anticipo** rispetto alla data di inizio prevista.

La registrazione del corso richiede che la coppia ospitante:

1. sia **coppia abilitata;**
2. sia **in regola con le modalità** di svolgimento dei corsi indicate in questa guida.

Con l'essere in "regola con le modalità di svolgimento dei corsi" si intende che la coppia ospitante rispetti i tempi necessari per l'attivazione e la chiusura dei corsi, nonché tutte le indicazioni riportate in questa guida.

Verificate queste condizioni, il corso apparirà come ufficialmente registrato nella lista (mappa) dei TPCC attivi in Italia disponibile presso il sito www.misterogrande.org. Al vostro corso sarà assegnato un **codice corso** univoco, che vi sarà comunicato per posta elettronica e che siete invitati a riportare nei **cartoncini di partecipazione** da consegnare ai partecipanti al termine del corso.

In quale periodo offrire un corso?

Il TPCC si inserisce perfettamente nelle dinamiche familiari, nei ritmi di lavoro e negli impegni normali della vita quotidiana di una famiglia. È la coppia di sposi ospitante che decide in **piena libertà ed autonomia** in quale periodo e quante volte offrire il corso in un anno. L'importante è che ogni corso sia svolto bene, con cura e attenzione.

Sono previste quote di partecipazione?

Il TPCC è organizzato nelle case in un clima di completa accoglienza e gratuità. Per i partecipanti, il corso è quindi **completamente gratuito.** A discrezione della coppia ospitante, puo' essere richiesta solamente la quota per le spese sostenute per l'acquisto dei materiali. L'importo di tale quota, fisso e uguale per tutti i corsi di Italia, è indicato sulle cartoline invito che trovate nei materiali del corso o sul sito www.misterogrande.org.

I partecipanti possono portare qualcosa?

I partecipanti non devono portare nulla (bibite, dolci, vino, regali). È importante che le coppie ospitanti informino in anticipo i partecipanti e siano molto ferme su questo punto. Tale scelta costituisce uno dei principali punti di forza del metodo, quando offerto nelle case. Molti partecipanti dichiarano di essere rimasti incredibilmente colpiti dai gesti di completa gratuità ricevuti. Un aspetto che consente a molti di sciogliere alcune reserve o diffidenze e di entrare più velocemente in sintonia con la coppia ospitante, gli altri partecipanti e l'intera iniziativa.

I figli possono essere presenti?

Il TPCC è un corso per genitori durante il quale è importante che i partecipanti si immergano nel clima, si rilassino, riflettano sulla relazione con i propri bambini.

È per questo fondamentale che nel corso delle sessioni **non siano mai presenti i figli,** sia dei partecipanti sia della coppia ospitante. La loro presenza potrebbe infatti distogliere i partecipanti da quel clima di relax e attenzione fondamentale per la buona riuscita del corso.

Come fare con i figli?

La soluzione migliore è che ogni partecipante provveda personalmente ai propri bambini, venendo al corso da soli. Questo li aiuta a rilassarsi e ad entrare più facilmente nel clima del corso. Ad esempio, accompagnando i propri bambini da un nonno, da una baby sitter, ecc.

Se non possibile, i figli della coppia ospitante e dei partecipanti potrebbero stare tutti assieme in compagnia di una baby sitter in una stanza diversa, in una casa diversa, in parrocchia. Nel caso i bambini rimangano nella stessa casa del corso, è importante che non si crei occasione di disturbo, di interruzione o distrazioni durante la condivisione tra partecipanti e i video.

In caso di intolleranze o particolari esigenze alimentari?

Prima dell'inizio di ogni corso, è importante che la coppia ospitante si informi sulla presenza o meno di eventuali intolleranze o particolari esigenze alimentari tra i partecipanti. Tali informazioni consentiranno di organizzare al meglio i dessert del corso (preparando del cibo adatto a tali esigenze) e daranno ai partecipanti un primo segnale di attenzione e cura nei loro confronti.

Cosa sono e a cosa servono i codici?

I codici sono di due tipi:

1. **codice coppia ospitante;**
2. **codice corso.**

Sono utilizzati dalla segreteria del TPCC per gestire in modo semplice e ordinato tutte le operazioni necessarie a supporto delle coppie ospitanti: le comunicazioni, le registrazioni dei corsi, la raccolta dei dati dalle schede Riepilogo TPCC, la produzione e distribuzione dei materiali, la gestione del magazzino materiali, ecc.

Vi raccomandiamo di conservare con cura i codici assegnati, ad esempio nella sezione **I nostri TPCC** in fondo a questa guida. Vi aiuteranno ad identificare in modo semplice ed immediato il vostro corso nella mappa dei corsi in Italia (disponibile su www.misterogrande.org).

Cos'é il codice coppia ospitante?

Il **codice coppia ospitante** identifica la coppia ospitante. È assegnato al momento dell'abilitazione della coppia ospitante (una sola volta). È composto da due numeri (ad esempio: 10-23). Il primo indica la regione della coppia ospitante, il secondo la coppia ospitante in quella regione. Ad esempio, il codice 10-23 significa: coppia numero 23 della regione 10.

Cos'é il codice corso?

Il **codice corso** identifica il singolo corso. È assegnato al momento della registrazione del corso (ogni corso ha un suo codice). È composto da tre numeri (ad esempio: 10-23-02). I primi due indicano il codice coppia ospitante (vedi sopra), il terzo il corso registrato. Ad esempio, il codice 10-23-02 significa: corso numero 2 della coppia 10-23.

Vi invitiamo a trascrivere il codice del corso frequentato dai partecipanti nelle apposite caselle dei **cartoncini di partecipazione,** come in figura.

Caselle all'interno dei **cartoncini di partecipazione** dove trascrivere il codice del corso

Il codice servirà ai partecipanti (in coppia) interessati a diventare loro stessi coppie ospitanti il TPCC.

Come si conclude il corso?

Il corso si conclude nel seguente modo:

- **per i partecipanti:**
con la quinta sessione e gli esercizi a casa;
- **per le coppie ospitanti:**
con la compilazione e l'invio della scheda **Riepilogo TPCC** alla segreteria del corso.

Cos'é la scheda Riepilogo TPCC?

È una scheda scaricabile dal sito www.misterogrande.org nella quale le coppie ospitanti riportano:

1. nome, cognome e indirizzo email dei partecipanti;
2. i risultati (anonimi) delle **schede Questionario** compilate dai partecipanti nel corso della quinta sessione.

Una volta compilata (preferibilmente in formato elettronico, non a penna), la scheda Riepilogo TPCC deve essere inviata alla segreteria del TPCC **entro 15 giorni** dal termine del corso.

Perche' gli indizzi email?

La raccolta degli indirizzi email dei partecipanti è importante e spetta alle coppie ospitanti nel corso della quinta sessione (decima per i corsi in 10 settimane).

Nel raccogliere questi indirizzi, vi invitiamo ad informare i partecipanti che questi dati saranno utilizzati dalla Fondazione Famiglia Dono Grande solamente per finalità di promozione delle attività del Progetto Mistero Grande (nuovi corsi, seminari, conferenze, ecc.). I partecipanti avranno sempre modo di cancellare il proprio nome dalla lista degli indirizzi, semplicemente rispondendo alle email ricevute ed esprimendo tale intenzione.

Cosa sono le schede Questionario?

Sono le schede di verifica che i partecipanti compilano anonimamente nel corso della quinta sessione (decima per i corsi in 10 settimane). La coppia ospitante raccoglie le schede Questionario compilate al termine della sessione e ne riporta i contenuti sulla scheda Riepilogo TPCC.

Le informazioni riportate serviranno alla segreteria del TPCC per monitorare l'andamento dei corsi a livello regionale e nazionale.

Se qualche partecipante volesse contribuire alle spese del corso?

È frequente che alcuni partecipanti, colpiti dai segni di accoglienza e gratuità ricevuti, esprimano il desiderio di poter contribuire alle spese del corso. In casi come questo, la coppia ospitante ringrazia per il pensiero gentile, rifiuta l'offerta e ricorda che tale servizio è offerto nella completa gratuità. Ai partecipanti è lasciata la possibilità solo di offrire un contributo per le spese sostenute dalla coppia ospitante per i materiali del corso, pari alla quota indicata sulle cartoline invito.

A questo punto, potrebbe essere bello e significativo offrire una breve e semplice testimonianza a motivazione di questo gesto. Ad esempio: offriamo questo corso nella gratuità perché ci è stato offerto cosi', ci ha fatto bene, e ci sentiamo di ricambiare in questo modo, come gesto di riconoscenza per il dono dei nostri figli, per essere coppia, per il dono del matrimonio, per il dono della famiglia, ecc.

Come si sostiene l'iniziativa?

Puo' capitare che qualche partecipante si dimostri perplesso o sospettoso nei confronti dell'iniziativa, pensando che sotto sotto nasconda una fonte di guadagno per qualcuno. In caso di domande riguardanti tale argomento, raccomandiamo di rispondere con assoluta tranquillità e chiarezza. Si tratta infatti di domande più che ragionevoli. In questi casi è bene informare che:

- le coppie ospitanti:
  non ricevono alcun contributo per quanto offerto, né dalla Fondazione Famiglia Dono Grande né da altre parti (come ben sapete);
- la Fondazione Famiglia Dono Grande:
  non è un'organizzazione a fini di lucro, non ha dipendenti, non guadagna sui corsi e sui materiali;
- tutti i volontari e collaboratori:
  non ricevono alcun compenso né rimborsi spesa (ad esempio per spostamenti, pasti, spese ai weekend di training). Si pagano tutto. L'iniziativa si sostiene pertanto unicamente per il servizio e l'offerta generosa di centinaia di coppie ospitanti e di volontari in tutta Italia.

Se qualcuno volesse sostenere l'iniziativa?

È possibile che qualche partecipante chieda informazioni su come sostenere l'iniziativa del TPCC. A tale riguardo è previsto un momento specificamente dedicato a tale scopo: al termine della quinta sessione, alla consegna dei **cartoncini di partecipazione** e dei volantini del Progetto Mistero Grande.

Fate notare che sul volantino sono indicati dei modi possibili per aiutare concretamente l'iniziativa, ricordando che cio che verrà donato sarà investito:

1. per il miglioramento dei materiali;
2. per la promozione dell'iniziativa;
3. per la preparazione ed il lancio in Italia di nuove iniziative simili a favore dei genitori, del matrimonio e della famiglia.

Cos'é un corso pilota?

È un TPCC di tipo sperimentale che una coppia, non ancora abilitata ma che ha frequentato il weekend di training, organizza e gestisce al fine di provare il corso ed ottenere l'abilitazione come coppia ospitante.

I corsi pilota possono essere attivati solamente nel caso in cui la coppia si trovi nell'impossibilità di partecipare ad un TPCC (ad esempio perché non ci sono corsi in partenza nelle vicinanze).

L'organizzazione e la gestione di un corso pilota è del tutto identica a quella di un qualsiasi TPCC a cominciare dalla sua registrazione, da effettuarsi presso il sito www.misterogrande.org.

Puo' essere utile guardare i DVD da soli la prima volta?

No, anzi è sconsigliato. Si raccomanda alle coppie che hanno fatto il weekend di training e sono in attesa di partecipare ad un TPCC o di partire con un TPCC pilota, di **non provare il corso per conto proprio** o di guardare i DVD al di fuori di un corso intero.

È fondamentale che voi stesse lo sperimentiate prima come partecipanti, e lo viviate nella sua interezza e originalità. Vi sarà di aiuto in tutti i corsi futuri: potrete capire bene cio' che i partecipanti provano nell'essere accolti con attenzione e gioia, nell'essere coccolati con un dolcetto durante gli esercizi, nell'approfondire e migliorare la relazione con i propri bambini attraverso i video e gli esercizi proposti.

Quante persone si possono invitare?

Il numero di partecipanti massimo è **otto** (coppia ospitante esclusa).

Il numero otto è ottimale perché consente alla coppia ospitante di mantenere facilmente i contatti con tutti i partecipanti, gestire facilmente l'accoglienza e la preparazione dei drink e dei dessert, rispondere ad eventuali domande (riguardo ad esempio ad un esercizio non capito, o una curiosità), rimanere nei tempi durante il momento "Informazioni iniziali e riepilogo" e utilizzare completamente i materiali di una scatola **Starter o TPCC pack,** i quali sono pensati per un corso di otto partecipanti.

Cosa fare nel caso un partecipante richieda o necessiti di aiuto specifico?

È possibile che il TPCC porti alla luce nei partecipanti alcuni aspetti nella relazione con i propri figli tali da richiedere ulteriore aiuto rispetto a quanto ricevuto dal corso. In questi casi, la coppia ospitante, con discrezione e tatto, e comunque al di fuori della sessione, cerca di capire in che modo poter essere d'aiuto e provvede secondo la propria sensibilità ed esperienza.

In alcuni casi, potrebbe indicare al genitore un consulente di fiducia, specializzato nelle probelmatiche genitori-figli. Tale consulente potrebbe essere suggerito dalla stessa segreteria del TPCC, da altre coppie ospitanti nella zona, dal proprio parroco, ecc. Sul sito www.misterogrande.org sono riportati dei nomi o contatti utili a questo scopo.

Come invitare ad un TPCC?

Il TPCC è una iniziativa diversa e originale, che genera interesse e curiosità. Se presentata in modo accattivante e al momento giusto, puo' essere facilmente proposta ad amici, familiari, colleghi di lavoro, conoscenti. Possono essere d'aiuto a tale scopo le cartoline di invito a vostra disposizione, oppure i poster TPCC, da appendere in luoghi pubblici, come parrocchie, comuni, negozi, sale d'attesa, riportando nell'apposito spazio il vostro numero di telefono.

È sempre più frequente che ai TPCC partecipino genitori non conosciuti, a volte perché mandati da un amico, da un partecipante ai corsi precedenti, dal parroco, dalla stessa segreteria del TPCC, altre volte perché hanno conosciuto l'iniziativa da giornali, social network, televisione.

Non abbiate paura di invitare, l'iniziativa è bella e accessibile a tutti. Allargate gli inviti a tutti, specialmente ai genitori che si sentono in disparte, scoraggiati, a quelli non credenti, a quelli single, a quelli che vivono la sofferenza della separazione, a genitori conviventi, a quelli che vedete in difficoltà e soli. Tenete presente che il corso è apprezzato soprattutto da questi genitori.

E' possibile promuovere il corso in parrocchia, in diocesi o nel proprio comune?

Decisamente si. Vi raccomandiamo pero' di porre molta attenzione e cura nel preparare questi incontri. Presentano infatti grandi opportunità ma anche grandi rischi. La regola d'oro è di evitare presentazioni incomplete, poco chiare, frettolose e fatte male. Se si è chiamati a presentare il TPCC, lo si deve fare sempre **in modo chiaro e completo.**

Spiegate bene le modalità del corso, le sue finalità, la sua storia, i benefici per i partecipanti e per le coppie ospitanti. A tale riguardo, potrebbero esservi di aiuto delle presentazioni al computer, dei video di testimonianza o di promozione preparati per questo scopo e disponibili presso www.misterogrande.org o scrivendo a piugenitori@misterogrande.org.

In ogni caso vi chiediamo di organizzare tali eventi sempre **in collaborazione** con la segreteria del TPCC o i responsabili regionali del TPCC.

Non dimenticate che il principale motivo per il quale le persone partecipano al TPCC è per **passa parola,** grazie alle testimonianze di genitori partecipanti a corsi precedenti. Il modo migliore quindi di promuovere il corso è di organizzarlo bene, con attenzione e nella consapevolezza dell'importanza di cio' che si sta facendo.

E' possibile invitare ospiti ad un TPCC?

Si, è possibile, ma solo nel caso di responsabili di gruppi interessati a conoscere l'iniziativa per promuoverla e proporla nella propria comunità. Ad esempio: sacerdoti, parroci, religiose, responsabili di comunità, movimenti o gruppi religiosi, di uffici pastorali, ecc. Non è invece possibile invitare persone o coppie perché curiose o semplicemente per far visionare il corso in vista di una loro possibile partecipazione futura.

La presenza dell'ospite deve essere tale da non perturbare il percorso delle coppie partecipanti. In particolare, l'ospite partecipa all'incontro con tutti, rimanendo il più possibile "osservatore".

Due cose da ricordare:

1. l'invito deve sempre riguardare un solo ospite o tutt'al più una sola coppia ospite;
2. nel caso l'invito riguardi giornalisti o vescovi, contattare direttamente la segreteria del TPCC per ricevere ulteriori informazioni.

La coppia ospitante

In questa sezione sono riportate alcune domande e risposte frequenti riguardanti il ruolo svolto dalla coppia ospitante.

Cosa fa la coppia ospitante?

La coppia ospitante svolge un servizio prezioso ed ha un ruolo fondamentale per la buona riuscita del corso. In particolare:

- prepara l'ambiente;
- accoglie i partecipanti e li fa accomodare;
- introduce i momenti iniziali, di benvenuto e riepilogo, e i momenti di condivisione;
- fa in modo che tutti abbiano la possibilità di parlare;
- garantisce che i tempi siano rispettati rigorosamente;
- attiva la riproduzione dei DVD;
- gestisce i livelli della musica di sottofondo, la temperatura e la ventilazione della stanza;
- risponde alle domande dei partecipanti quando richiesto.

Puo' succedere che alle domande riportate sul manuale alcuni mini-gruppi rispondano velocemente e che la conversazione termini in anticipo. A questo punto, puo' essere utile che la coppia ospitante disponga di alcune **domande di riserva** finalizzate a riaccendere la conversazione nei mini-gruppi, come ad esempio: "Cosa ne pensate di quel racconto o di quella testimonianza ascoltata?", "a voi non è mai successo?", oppure "Cosa avete provato nel sentire la storia di quella mamma?".

Cosa non fa la coppia ospitante?

Nell'offrire il TPCC, la coppia ospitante puo' incorrerere in **alcuni errori,** i quali possono compromettere la buona riuscita del corso.

Vi sono quindi delle avvertenze da considerare e alcune cose da evitare:

- la coppia ospitante non entra nelle condivisioni dei mini-gruppi. Introduce i diversi momenti, dà il via alle conversazioni parlando a tutti i partecipanti, e risponde alle domande quando richiesto;
- la coppia ospitante non deve monopolizzare le conversazioni nei momenti tutti insieme come pure deve fare in modo che tutti i partecipanti abbiano la possibilità di intervenire;
- la coppia ospitante non deve porre gesti o parole religiose, come preghiere, discorsi o gesti particolari. Molti partecipanti infatti, perchè non credenti o ancora non pronti a riprendere un cammino di fede, potrebbero sentirsi a disagio, e desiderare di interrompere il corso. La propria religiosità deve passare esclusivamente e in modo autentico attraverso i gesti di accoglienza e amore.

Due consigli importanti

1. Evitate ogni atteggiamento da "genitori perfetti" o da "genitori che hanno tutte le risposte" o quello di "specialisti nel campo dell'educazione". Se i partecipanti vi fanno una domanda su un tema del corso, cercate per quanto possibile di non rispondere voi direttamente ma di lasciar rispondere al mini-gruppo, girando la domanda a tutti, ad esempio chiedendo: "Che cosa ne pensate voi?". **L'obiettivo non è dare risposte,** ma far capire ai partecipanti che non sono da soli in questa sfida, che sono importanti, e che cio stanno facendo è molto importante.

2. Trattate ognuno con grande rispetto e attenzione anche se non concordate su qualche punto di vista o su tutti. Evitate ogni genere di dibattito.

I tempi assegnati sono indicativi o rigorosi?

I tempi indicati negli schemi orari di ogni sessione sono da ritenersi **assolutamente rigorosi.** Per la buona riuscita del corso è fondamentale che i tempi, soprattutto quelli delle condivisioni, siano rispettati fedelmente. Tali momenti sono infatti tra i principali punti di forza del corso per i partecipanti. Per aiutarvi nella gestione dei tempi, vi sarà utile lo schema orario di ogni sessione che trovate in questa guida.

È importante che la durata dell'incontro non ecceda la durata prevista (circa **due ore** per i corsi in 5 settimane e **un'ora e mezza** per i corsi in 10 settimane). Eventuali prolungamenti o ritardi potrebbero disturbare la tranquillità di qualche partecipante, ad esempio per: la stanchezza di fine giornata, la necessità di correre a casa o a scuola per i figli, o il fatto che la mattina seguente ci si debba svegliare molto presto. Per lo stesso motivo, fate in modo che l'orario di inizio concordato con le coppie partecipanti sia sempre rispettato.

Cosa fare in assenza di un partecipante?

Nel caso un ospite non potesse partecipare ad un incontro, si puo' pensare, in accordo con gli altri partecipanti, di spostare la sessione di qualche giorno, ma senza perdere la cadenza di un incontro alla settimana.
Se questo non fosse possibile, la coppia ospitante mette a disposizione del partecipante non presente il DVD della sessione persa (o una copia), che il partecipante vedrà a casa, svolgendo gli esercizi in famiglia. Tale DVD dovrà essere restituito alla coppia ospitante la settimana successiva.

Cosa fare nel caso un partecipante arrivasse in ritardo?

Nel caso un partecipante dovesse ritardare, non preoccupatevi e procedete normalmente secondo i tempi stabiliti. Al suo arrivo, accoglietelo calorosamente, inserendolo nel gruppo ma senza interrompere la conversazione in corso o la stessa proiezione del DVD.

Cosa sono i mini-gruppi?

Al termine della proiezione di ogni spezzone di video, i partecipanti sono chiamati a svolgere degli esercizi e a condividere quanto emerso a gruppi di due o tre partecipanti, detti **mini-gruppi**. Il fatto che la condivisione avvenga con una o due altre persone, e non di più, aiuta il partecipante ad aprirsi e a condividere di più, come pure aiuta la coppia ospitante a rimanere nei tempi.
È bene che i genitori presenti in coppia facciano parte dello stesso mini-gruppo, e non siano mai separati. In questo modo, il TPCC diviene per loro occasione preziosa per affrontare aspetti importanti della propria vita di genitori e della propria relazione. Per alcune coppie potrebbe essere utile affrontare tale condivisione da soli, per altre invece assieme ad una terza persona presente nel mini-gruppo.
Suddividete i partecipanti presenti anche tenendo conto dell età dei figli; un genitore tenderà infatti a condividere di più con altri genitori di figli aventi più o meno la stessa età dei propri.

E'possibile cambiare l'ordine delle sessioni o la cadenza?

L'ordine delle sessioni **non puo' essere mai modificato**, come pure la cadenza degli incontri: un incontro a settimana per cinque (o dieci) settimane consecutive. È stato verificato che il rispetto dell'ordine e della cadenza delle sessioni è elemento essenziale per la buona riuscita del corso, per fare in modo che il corso diventi veramente efficace nella vita dei genitori.
In caso di situazioni che rendano impossibile il rispetto della tempistica prevista, contattare la segreteria del TPCC per trovare insieme una soluzione ottimale.

Struttura generale di ogni sessione

Il TPCC puo' essere offerto in due modalità:

- **modalità principale,** in 5 settimane con sessioni della durata di due ore;
- **modalità alternativa,** in 10 settimane con sessioni della durata di un'ora e mezza.

Corsi in cinque settimane

Il corso comprende cinque sessioni, una a settimana per cinque settimane consecutive. Ogni sessione dura circa **due ore** ed è divisa in due parti uguali. La struttura di ogni sessione è fissa e comprende le seguenti fasi.

1. Benvenuto e accoglienza (durata: 10 min)

La coppia ospitante accoglie i partecipanti calorosamente con un saluto di benvenuto. È tipico che alla prima sessione alcuni dei partecipanti si sentano un po' nervosi. È un'esperienza per molti di loro completamente nuova e non sanno cosa aspettarsi!.

Siate pronti, **presenti entrambi,** in atteggiamento di attesa e di gioia. Al momento dell'accoglienza evitate di essere impegnati ai fornelli, allo stereo, al computer, al telefono, con i figli. Sia presente una **musica di sottofondo,** una musica al volume giusto, gradevole, allegra e rilassante.

Da tenere presente:
i papà sono a volte esitanti all'inizio. Per questo è importante che sia presente ad accogliere anche il marito (della coppia ospitante). Li aiuterà più facilmente a distendersi e ad entrare nel clima del corso.

Terminati i dieci minuti, accompagnate gli ospiti nella stanza dell'incontro. Se qualche partecipante non fosse ancora arrivato, non preoccupatevi, procedete pure con il momento successivo. Al suo arrivo, si unirà tranquillamente al gruppo. In tutti i casi, non prolungate questo momento oltre il tempo stabilito.

2. Informazioni iniziali e riepilogo (durata: 10 min)
Questa parte si svolge **tutti assieme** nella **disposizione a cerchio** (illustrata nella sezione 5 trucchi per un ottimo TPCC). Dalla seconda settimana questo momento sarà interamente dedicato ad un riepilogo della sessione precedente, lasciando ai partecipanti la possibilità di condividere le proprie esperienze e pensieri. Nella prima sessione, questo tempo sarà utilizzato per presentarsi e conoscersi.
La coppia ospitante introduce questo momento e fa in modo che tutti abbiano la possibilità di parlare, evitando che la conversazione venga monopolizzata da qualcuno. La stessa coppia ospitante è invitata a lasciare spazio ai partecipanti, non intervenendo o limitando il tempo del proprio intervento. È fondamentale che questo momento si concluda nei tempi stabiliti.

3. DVD, parte 1 (durata: 30 min)
La coppia ospitante spegne la musica di sottofondo e attiva il video contenente la prima parte della sessione. Il video è molto dinamico e senza interruzioni. Le coppie partecipanti possono seguire il video aiutandosi con il manuale, che riporta alcuni appunti. Le coppie ospitanti rimangono al servizio, controllando attentamente i volumi e preparando i drink (tê, caffê, tisane) che saranno serviti con un dessert al termine del primo DVD. Al termine del DVD, la coppia ospitante mette in pausa il video e accende la musica di sottofondo.

4. Prima condivisione (durata: 20 min)
Al termine del primo video, i partecipanti sono invitati a svolgere gli esercizi nel manuale, e a condividere quanto emerso a gruppi di due o tre secondo la **disposizione a mini-gruppi** (illustrata nella sezione 5 trucchi per un ottimo TPCC). È bene che la coppia ospitante introduca brevissimamente questo momento indicando le pagine dove trovare l'esercizio.
In questo momento, la coppia ospitante offre un drink (tê, caffê, tisana, bibita, succo di frutta, ecc.) e un dessert (dolce, yogurt, gelato, frutta, muffin, ecc.)

Il cibo è una parte essenziale del corso, da curare bene. Aiuta i partecipanti a rilassarsi, a sentirsi a propro agio, ad abbattere alcune barriere dovute al fatto di non conoscersi, di essere a casa di persone estranee assieme a persone che non si conoscono, di non conoscere l'iniziativa. È per questo fondamentale creare un'atmosfera amichevole e calorosa.

5. DVD, parte 2 (durata: 30 min)
La sessione prosegue con la proiezione della seconda parte del DVD. Nel caso in cui alcuni partecipanti stiano ancora conversando, la coppia ospitante invita a

fare una pausa e a riprendere la discussione al termine della seconda parte del DVD. È bene evitare di ritardare l'inizio del secondo video in modo da lasciare inalterato il tempo a disposizione per la condivisione finale (al termine del DVD parte 2).

6. Seconda condivisione (durata: 20 min)

È la condivisione più importante che conclude l'incontro e che si svolge secondo la **disposizione a mini-gruppi.** I partecipanti seguono le domande riportate nel manuale e condividono le proprie esperienze con gli altri genitori del mini-gruppo. È bene che la coppia ospitante introduca brevissimamente questo momento indicando le pagine dove trovare l'esercizio.

7. Conclusione e saluti

È fondamentale che la sessione si concluda con puntualità all'ora stabilita. Questo aiuta i genitori a rilassarsi, e quindi a non peoccuparsi costantemente del tempo. Alcuni genitori potrebbero avere la necessità di tornare a casa velocemente, per recuperare i bambini dalla baby sitter, o a scuola (per i corsi svolti alla mattina), per metterli a letto, per preparare la cena e per molte altre ragioni.
Indipendentemente dal fatto che la condivisione sia conclusa o ancora sul vivo, la coppia ospitante richiama i partecipanti, dicendo che la sessione è finita, ricordando di svolgere gli esercizi a casa (compiti in famiglia).

8. Compiti in famiglia

Nel manuale dei partecipanti, sono riportati degli esercizi da svolgere a casa, in famiglia, a completamento della sessione. Rappresentano una parte molto importante del corso perchè aiutano a mettere in pratica le regole apprese durante il corso. Ricordate ai partecipanti che i manuali sono loro e che non saranno né ritirati né controllati.

9. Feedback

Nel corso dell'ultima sessione, i partecipanti sono invitati a compilare un questionario di riepilogo e valutazione del corso, utile sia a loro, per fare memoria dell'intera esperienza vissuta, sia alla coppia ospitante e all'iniziativa, per monitorare la diffusione del corso e per ricevere consigli utili per il suo miglioramento. Per la compilazione di tali questionari sono previsiti appositi momenti nel corso dell'ultima sessione.

Corsi in dieci settimane

Il TPCC puo' essere offerto anche nella versione in dieci settimane, **una a settimana per dieci settimane.** Tale modalità ha il vantaggio di lasciare più spazio e possibilità ai partecipanti di mettere in pratica e familiarizzare con i suggerimenti forniti nel corso. Favorisce inoltre una maggiore condivisione tra i partecipanti e una migliore conoscenza tra di loro come pure con la coppia ospitante.

Tale modalità pero' richiede un impegno complessivamente maggiore e più prolungato rispetto alla versione in 5 settimane. Per alcuni partecipanti le 10 settimane potrebbero inoltre spaventare, cioè apparire come un impegno eccessivo e quindi.
I video a disposizione sono gli stessi del corso in 5 settimane. La sequenza è semplice: al primo incontro viene presentato il primo video della prima sessione del corso in 5 settimane, al secondo incontro il secondo video della prima sessione, al terzo il primo video della seconda sessione, al quarto il secondo video della seconda sessione, e cosi' via.

Ogni sessione dura circa **un'ora e mezza** e si svolge secondo la seguente struttura:

1. **Benvenuto e accoglienza** (durata: 10 min)
2. **Informazioni iniziali e riepilogo** (durata: 20 min)
3. **DVD** (durata: 30 min)
4. **Condivisione** (durata: 30 min)
5. **Conclusione e saluti**
6. **Compiti in famiglia**
7. **Feedback**

ognuna organizzata come nella versione in 5 settimane.

Cinque trucchi per un ottimo TPCC

Vi suggeriamo ora cinque trucchi efficaci per rendere il TPCC un'esperienza unica e speciale per i vostri partecipanti.

1. Create la giusta atmosfera

Un ambiente caloroso ed accogliente è un elemento essenziale per il successo del corso. È molto importante che gli ospiti si sentano rilassati e liberi di parlare tra loro anche di argomenti delicati: la giusta atmosfera rende tutto questo possibile e la casa è un ottimo luogo per ottenere tutto questo.

L'idea di fondo è quella di creare un ambiente che si presti alla conversazione e al relax, come un caffè, una pasticceria o un salotto da tè. Qualche consiglio:

- Sistemate i divani, le poltrone o le sedie in cerchio **(disposizione a cerchio)** e con dei tavolini da appoggio. L'importante è che tutti i partecipanti abbiano la possibilità di vedersi gli uni con gli altri e che la coppia ospitante abbia la possibilità di vedere tutti.

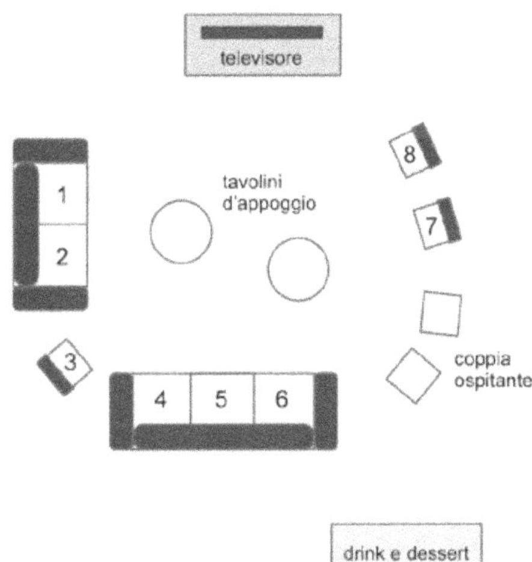

Esempio di **disposizione a cerchio** dei posti durante il momento iniziale "informazioni e riepilogo"

- Rendete l'atmosfera rilassata e confortevole, con delle luci soffuse e della musica di sottofondo. Le luci siano tali da consentire ai partecipanti di leggere senza difficoltà i propri manuali. La musica sia presente all'arrivo degli ospiti, durante gli esercizi e le condivisioni (di tipo e volume appropriato) e al termine della sessione.

- Fate in modo che ci sia la possibilità per i partecipanti di suddiversi velocemente nei mini-gruppi, ad esempio spostando il divano o le sedie **(disposizione a mini-gruppi)**. Una disposizione dei posti adeguata, con mini-gruppi sufficientemente separati, favorisce la conversazione e la buona riuscita dei momenti di condivisione.

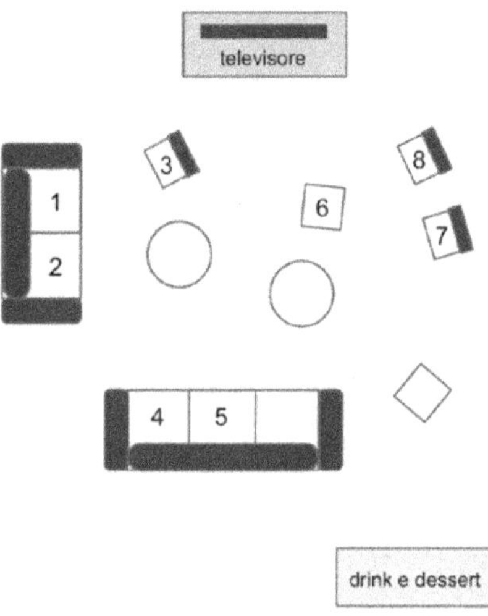

Esempio di **disposizione a mini-gruppi** dei posti durante i momenti di esercizi e condivisione

- Tenete sotto controllo la ventilazione e la temperatura della stanza, che non sia troppo caldo o troppo freddo.

- Allestite un tavolino alle spalle dei partecipanti sul quale appoggiare i drink e i dessert. Servirà alla coppia ospitante come base d'appoggio per servire i partecipanti. Darà inoltre ai partecipanti la possibilità di alzarsi e prendersi del cibo o qualcosa da bere quando vorranno.

2. Offrite buon cibo

Anche il cibo, pur nella semplicità, è un dettaglio da non trascurare e che, se ben presentato, dà ai partecipanti la sensazione di essere valorizzati e li aiuta ad aprirsi agli altri. Il caffè, il tè e il dessert saranno serviti durante il momento di condivisione ed esercizi tra il primo e il secondo video, per i corsi di 5 settimane, o al termine del video, per i corsi di 10 settimane.

3. Pensate ad un appuntamento speciale

Curate i dettagli e, per quanto possibile, non trascurate nulla: un piccolo fiore, delle candele accese, i tovaglioli, i tavolini preparati con cura. Si tratta di piccoli gesti che fanno sentire i partecipanti accolti e valorizzati.

4. Servite con gioia

Alcuni partecipanti possono sentirsi preoccupati all'idea di partecipare ad un TPCC. Forse perché non vi conoscono, forse perché nelle case, forse perché temono di sentirsi giudicati, perché non credenti, o perché divorziati, o semplicemente perché non si sentono dei buoni genitori.

È molto importante che, come coppia ospitante, siate amichevoli, gioiosi e facciate tutto il possibile per far sentire i vostri ospiti a proprio agio. Mettendovi al servizio mostrerete loro che la loro relazione con i figli e loro stessi sono importanti. Farete capire che nelle sfide dell'essere genitori non sono soli, ma che possono contare su altri genitori, in amicizia, gratuità e senza giudizio.

La coppia ospitante siede vicino al gruppo, per guidarlo quando necessario, in una posizione ottimale per il servizio, e quindi comoda per servire e vicina al tavolo dei drink e dei dessert.

5. La preghiera

Tenete sempre presente che l'attività più importante per la buona riuscita del corso è la preghiera. Pregate per i partecipanti prima, durante e dopo ogni incontro.

Il rimanere in preghiera prima, durante e dopo vi aiuterà a tenere viva la consapevolezza che è Gesù presente in mezzo a voi che accoglie le coppie e che fa giungere loro la Sua Parola. Voi siete il Suo sguardo, le Sue braccia ed il Suo servizio. Trovate nella vostra comunità una coppia di sposi, o più di una, che si prenda l'impegno di pregare durante il vostro corso per i partecipanti.

Lo svolgimento di un buon corso non puo' assolutamente prescindere dall'accompagnamento spirituale.

Checklist veloce

In questa pagina è riportata una lista di punti (checklist) utile ogni volta che si prepara una sessione. Aiuta a verificare che tutto sia pronto.

❑ I tre DVD del The Parenting Children Course RitrovarSi+genitori.
❑ I manuali partecipanti del TPCC (uno per partecipante).

❑ Musica e un sistema per la riproduzione in sottofondo. Si consiglia di preparare una playlist MP3 adatta al corso.

❑ Drink e dessert.

❑ Poltrone, divani e sedie, tavolini di appoggio, tavolo per drink e dessert, tovaglioli, bicchieri, fiori e candele.

❑ Bicchieri, piattini, forchette e tazze.

❑ Penne.

❑ 2 manuali partecipanti di scorta (da non scarabocchiare), con fogli di carta a parte per appunti nel caso un partecipante avesse dimenticato a casa il proprio.

❑ DVD-copia da consegnare ai partecipanti che non potranno essere presenti la volta successive.

❑ Decorazioni: magliette di carta con mollette da appendere.

❑ Televisore o videoproiettore.

I materiali

Il TPCC richiede innanzitutto la disponibilità di una casa. Sono inoltre necessari i seguenti materiali:

- la musica, da tenere come sottofondo durante la cena e gli esercizi;
- il cibo (drink e dessert);
- candele e fiori;
- un televisore e un lettore DVD;
- i materiali del corso, disponibili in "Starter pack" o "TPCC pack".

Nel caso una coppia ospitante non disponesse di una casa sufficientemente grande o tale da poter ospitare 8 partecipanti, puo' appoggiarsi e svolgere il corso presso altre case, ad esempio di amici, nella taverna dei genitori, ecc.

Contenuto dei pacchi

I materiali del TPCC sono distribuiti in esclusiva per l'Italia dalla Fondazione Famiglia Dono Grande. Li potete trovare in due versioni:

1. Starter pack;
2. TPCC pack.

Lo **Starter pack** è distribuito in occasione dei weekend di training. Contiene i materiali necessari per il primo TPCC o il TPCC pilota. Si presenta con una scatola colorata, da utilizzarsi come contenitore dei materiali per tutti i corsi successivi al primo.

Il **TPCC pack** contiene i materiali di ricarica, necessari per un qualsiasi TPCC successivo al primo. È distribuito alle sole coppie ospitanti abilitate ed in regola con le registrazioni e l'invio delle schede "Riepilogo TPCC" dei corsi precedenti. Puo' essere richiesto su ordinazione dal sito www.misterogrande.org e con spedizione direttamente a casa, oppure ritirato direttamente presso alcuni centri in Italia (consultare il sito). Una volta ricevuto, il contenuto del TPCC pack va riversato nella scatola dello Starter Pack.

Le quote richieste come rimborso per le spese sostenute per la produzione dei pacchi sono consultabili presso il sito www.misterogrande.org.

Cosa contiene il TPCC pack?

Il TPCC pack contiene i materiali necessari per organizzare e gestire ogni TPCC successivo al primo. Il pacco comprende:

- **Un foglio Presentazione del corso:**
  messaggio di benvenuto e introduttivo del presidente dalla Fondazione Famiglia Dono Grande, Mons. Renzo Bonetti.

- **Un foglio Il pacco contiene:**
  lista dei contenuti presenti nel pacco.

- **Otto fogli Questionario:**
  questionario di verifica che i partecipanti sono invitati a compilare nel corso della quinta sessione (o decima sessione per i corsi in 10 settimane). Questi moduli, compilati in forma anonima, vanno raccolti dalla coppia ospitante ed utilizzati per concludere ufficialmente il corso, attraverso la compilazione della scheda **Riepilogo TPCC** disponibile online presso il sito www.misterogrande.org.

- **Otto Cartoncini di partecipazione:**
  cartoncini da consegnare al termine dell'ultima sessione. Rappresentano l'attestato di partecipazione al corso. La coppia ospitante riporta sul cartoncino il nome dei genitore e firma la cartolina.

  La coppia ospitante suggerisce ai partecipanti di conservare con cura il cartoncino. All'interno sono infatti riportati alcuni dati importanti, tra i quali il codice del corso seguito. Il codice servirà alle coppie partecipanti interessate a diventare esse stesse coppie ospitanti.

- **Venti cartoline di invito:**
  sono cartoline da utilizzare per promuovere il corso, ad esempio tra conoscenti, amici, familiari e colleghi. Alcune di queste sono utilizzate dalla coppia ospitante, e le rimanenti suddivise tra i partecipanti. Serviranno a queste ultime per raccontare ad altre persone quanto vissuto nel corso e per invitarle a futuri TPCC.

  Nel retro delle cartoline, in corrispondenza del riquadro bianco, le coppie ospitanti possono riportare un numero di telefono (il proprio o quello di altre coppie ospitanti della zona) come contatto locale per informazioni o iscrizioni.

- **Sei poster TPCC:**
  sono poster da utilizzare per promuovere il corso, da appendere ad esempio nelle case, al lavoro, in parrocchia e negli esercizi commerciali. Sono utilizzati dalla coppia ospitante, o consegnati ai partecipanti interessanti.

- **Cinque fogli in cartoncino per la preparazione di stemmi:**
  a scopo decorativo. Si raccomanda di ritagliare i materiali stampati con attenzione e in modo accurato. La preparazione di questi materiali aiuta la coppia ospitante a sentirsi più partecipe nella preparazione del corso.

  I cartoncini contengono degli stemmi a forma di maglietta con all'interno il titolo della sessione. Gli stemmi possono essere appesi come delle magliette ad asciugare su un filo e attraverso le piccole mollette riportate nella scatola. I cortoncini contengono inoltre dieci segnalibri, da ritagliare e distribuire ai partecipanti.

- **Otto penne TPCC**
  sono le penne ufficiali del corso, con sopra indicato *The Parenting Children Course* e www.misterogrande.org. Prima di ogni corso, disponete le penne in modo ordinato su un tavolo o su un mobile. Prima che i partecipanti si accomodino in salotto, invitateli a prendere una penna a testa e a riconsegnarla al termine della sessione. Saranno consegnate loro al termine del corso.

- **Otto volantini pieghevoli Fondazione Famiglia Dono Grande**
  volantini di presentazione del Progetto Mistero Grande ed in particolare di altri corsi o attività proposte.

- **Otto manuali per partecipanti**
  sono i manuali che i partecipanti utilizzano per seguire i contenuti del corso e svolgere gli esercizi (al corso e a casa). Vanno consegnati all'inizio del corso, uno a testa (per i partecipanti in coppia due manuali quindi), e conservati dai partecipanti stessi.

  I manuali dei partecipanti non vengono mai ritirati dalla coppia ospitante.

Cosa contiene lo Starter Pack?
I pacchi "Starter", ritirabili una volta sola in occasione del Weekend di training, differiscono da quelli "TPCC" per le seguenti cose:

- **Due manuali per partecipanti in più**, da utilizzare come scorta nel caso qualcuno si dimenticasse di portarli.

- **Una guida per coppie ospitanti,** che state leggendo, contenente le informazioni necessarie per organizzare e gestire il corso e le sessioni.

- **Tre DVD contenenti i video delle sessioni.**

- **Due cartoncini di partecipazione in più**, per la coppia ospitante nel caso di corso pilota. In questo caso è la stessa coppia ospitante il corso pilota che firma la propria cartolina.

- **Due penne TPCC** in più, per la coppia ospitante.

- **Un libretto contenente il fondamento teologico del TPCC** per i corsi offerti nel contesto cattolico. Tale libretto vuole essere per la coppia ospitante un aiuto per aiutarla a scoprire, corso dopo corso, la portata e le ricadute di questo metodo, la propria missione di sposi in forza del sacramento delle nozze, la chiamata ad una paternità e maternità più grande.

Come utilizzare lo Starter Pack nei corsi pilota?

Nei corsi pilota, la coppia ospitante è allo stesso tempo partecipante. Pertanto, segue i contenuti dei DVD e svolge i propri esercizi utilizzando i due manuali per partecipanti in più presenti nello Starter Pack, facendo attenzione a tenerli "puliti", cioè senza scritte, risposte, o scarabocchi. Questi due manuali serviranno infatti anche come manuali di scorta per tutti i successivi corsi.

Cosa fare di eventuali materiali non utilizzati?

I materiali non utilizzati (contenitori, penne, cartoline, manuali) possono essere:

1. conservati per poi essere utilizzati in corsi successivi assieme ad altri materiali non utilizzati. In questo caso la coppia partecipante informerà la segreteria del TPCC che il corso in partenza sarà svolto con materiali avanzati da altri corsi;
2. oppure restituiti/donati al Progetto Mistero Grande, qualora possibile, per un loro riutilizzo in altri TPCC.

Nel caso un DVD non funzionasse?

È opportuno che la coppia ospitante verifichi l'integrità e la funzionalità di tutti i DVD con ampio anticipo rispetto all'inizio del corso. Nel caso di malfunzionamenti, si provi con altri lettori, ad esempio con un computer, per capire se si tratta di un problema del DVD o del lettore di casa.

Nel caso di DVD difettoso, contattate la segreteria del TPCC (piugenitori@misterogrande.org) richiedendo il cambio. E se possibile inviate il DVD difettoso a: Domus Familiae, Via Filegare, 600 - 37056, Bionde di Salizzole (VR),

indicando il vostro nome o il codice coppia. Vi consigliamo ad ogni modo di effettuare sempre una copia personale di questi DVD, da tenere in casa come scorta.

Corsi in 5 settimane schema orario di ogni sessione

Si riportano in questo capitolo gli schemi orari di ogni sessione per i corsi in 5 settimane. Per la buona riuscita del corso vi raccomandiamo di rispettare fedelmente i tempi suggeriti.

Week 1
Costruire fondamenta solide

Sessione: 1
Durata: 2 ore e 8 min

La prima parte di questa sessione analizza l'obiettivo di una famiglia. La famiglia dovrebbe essere un luogo dove i bambini trovano supporto, dove ci si diverte, dove i bambini trovano una bussola morale, un luogo da dove possono imparare a relazionarsi. Viene introdotta l'idea del "tempo di famiglia" settimanale, un modo per divertirsi insieme e con regolarità.

Nella seconda parte i genitori sono incoraggiati a riflettere sugli obiettivi e la visione della propria famiglia. La sessione aiuta inoltre ad avere una vita familiare bella e in salute, incoraggiando il gioco attivo, il dedicare tempo ai bambini e lo stabilire delle sane routine riguardo il cibo e il tempo della buona notte.

Preparazione
Controllate attentamente che tutto sia ben preparato, passando punto per punto la checklist che trovate in questa guida. Soffermatevi in preghiera chiedendo al Signore il dono dello Spirito Santo. Siate entrambi pronti! Molti partecipanti, al primo incontro arrivano con un po' di anticipo.

Schema orario
10 min - Benvenuto e accoglienza
Accogliete i vostri ospiti, scambiando due parole, mettendoli a proprio agio. È un momento importantissimo. Al termine del tempo indicato fateli accomodare nella stanza che avete preparato secondo la "disposizione a cerchio".

Se qualche partecipante non fosse ancora arrivato, procedete lo stesso. Il partecipante in ritardo si unirà al gruppo in un secondo momento.

10 min - Informazioni iniziali

Date il benvenuto e le seguenti brevi informazioni iniziali:

Benvenuti al The Parenting Children Course RitrovarSi+genitori. Siamo contenti che siate qui desiderosi di investire tempo nella relazione con i vostri bambini.

Il TPCC e' un corso che viene dall'Inghilterra, da una coppia di sposi, Nicky e Sila Lee, che avrete modo di conoscere dai video proiettati.

Ogni sessione sara' una combinazione di video e condivisioni tra genitori. Non preoccupatevi assolutamente! Vi assicuriamo fin da ora che non vi sara' chiesto di condividere nulla di privato dei vostri bambini e della vostra famiglia.

Se qualcuno di voi non potesse venire ad una delle prossime sessioni, non preoccupatevi. Fatecelo sapere e vi presteremo il DVD cosi' da poter recuperare la sessione a casa.

Se siete preoccupati riguardo a qualche aspetto della vostra esperienza di genitori non coperto da questo corso, possiamo suggerirvi dei consulenti di famiglia da contattare.

Vi consegniamo ora i vostri manuali personali che vi serviranno durante tutto il corso e negli esercizi a casa. Utilizzateli liberamente scrivendo quello che volete; sono personali e non verranno mai ritirati.

Vi invitiamo ora a presentarvi condividendo i vostri nomi, da dove venite, i nomi e l'eta' dei vostri bambini. Ci piacerebbe poi che ognuno provasse a dire qual e' la sfida principale che in questo periodo come genitore sta vivendo.

Chiediamo ovviamente a tutti la massima riservatezza riguardo a cio' che verra' condiviso ora e durante tutto il corso tra di voi.

33 min - DVD

Date inizio alla riproduzione del DVD, Parte 1: Il ruolo della famiglia.

20 min - Prima condivisione

Rivolgendovi a tutti i partecipanti, dite:

Vi chiediamo ora di passare all'esercizio del vostro manuale L'inventario del genitore che trovate a pag. 14. Non rispondete invece alle domande di pag. 15 perche' riservate ai corsi in 10 settimane. Condividete poi quanto emerso a gruppi di due o di tre.

Disponete i partecipanti a mini-gruppi, tenendo le coppie unite cioè nello stesso mini-gruppo. Ai partecipanti in coppia dite:

Consigliamo alle coppie qui presenti di utilizzare questo momento per pensare e decidere alcune idee e proposte concrete che potrebbero essere attuate nel breve con i propri bambini.

Nel frattempo servite un drink o un dessert (tè, caffè, tisana, bibita, succo di frutta, dolce, muffin, yogurt, frutta, ecc.).

Al termine del tempo stabilito per la condivisione dite:

Interrompiamo ora questo momento per passare al secondo video di oggi dal titolo Esempi per una buona vita familiare. Potrete proseguire la conversazione al termine del video, nei piccoli gruppi.

32 min - DVD

Date inizio alla riproduzione del DVD, Parte 2: Esempi per una buona vita familiare.

20 min - Seconda condivisione

Chiedete ai partecipanti di riprendere il manuale e al termine delle domande condividere quanto emerso nel mini-gruppo:

Vi chiediamo ora di aprire il manuale e rispondere alle domande che trovate alla fine della sessione, a pag. 19.

Al termine condividete quanto riportato a gruppi di due o tre. Nella condivisione non e' necessario che vi soffermiate su ogni domanda, ma solo su quelle che ritenete piu' importanti per voi.

3 min - Conclusione e saluti

Terminate puntualmente. Concludete la sessione dicendo:

Vi ringraziamo per aver partecipato a questa prima sessione del The Parenting Children Course. Vi raccomandiamo di portare a casa i manuali e di svolgere gli esercizi 1 e 2 che trovate da pag. 21 a 24.

Questi esercizi sono importanti, rappresentano uno tra i principali punti di forza del metodo: vi aiutano a sperimentare e a mettere in pratica quanto ascoltato nei DVD, ad esempio il tempo di famiglia e le buone abitudini.

Potete lasciare le penne qui. Vi saranno consegnate la prossima volta e le potrete tenere al termine del corso.

Week 2
Soddisfare i bisogni dei nostri figli

Sessione: 2
Durata: 1 ora e 58 min

In questa sessione i genitori rifletteranno su come venire incontro ai bisogni dei bambini. La prima parte introduce il concetto di "serbatoio d'amore" dei bambini, il quale si riempie quando dimostriamo loro il nostro amore incondizionato.

Attraverso i "cinque linguaggi dell'amore" di Gary Chapman, si analizzeranno i diversi linguaggi con i quali l'amore puo' essere comunicato. I primi due saranno considerati nella prima parte della sessione, mentre i rimanenti tre nella seconda. I partecipanti saranno accompagnati a riflettere sui linguaggi dell'amore dei propri bambini e sui propri, come genitori.

Preparazione
Controllate attentamente che tutto sia ben preparato, passando punto per punto la checklist che trovate in questa guida. Soffermatevi in preghiera chiedendo al Signore il dono dello Spirito Santo. Siate entrambi pronti!

Schema orario
10 min - Benvenuto e accoglienza

Accogliete i vostri ospiti, scambiando due parole, mettendoli a proprio agio. È un momento importantissimo. Al termine del tempo indicato fateli accomodare nella stanza che avete preparato secondo la "disposizione a cerchio".

Se qualche partecipante non fosse ancora arrivato, procedete lo stesso. Il partecipante in ritardo si unirà al gruppo in un secondo momento.

10 min - Informazioni iniziali e riepilogo

Date il benvenuto e le seguenti brevi informazioni iniziali:

Benvenuti a questa seconda sessione del The Parenting Children Course RitrovarSI+genitori.

Abbiamo dei manuali in piu' nel caso alcuni di voi avessero dimenticato a casa il proprio.

Distribuite dei fogli bianchi ai partecipanti che hanno lasciato a casa il manuale.

Ricordatevi di scrivere i vostri appunti su questi fogli bianchi per poi trasferirli sul vostro manuale una volta a casa.
Inizieremo ora con una condivisione breve di quanto trattato la volta scorsa. Nel manuale, a pag. 25, potete trovare alcuni brevi richiami ed un esercizio.

L'esercizio che vi proponiamo e': cosa ti ha colpito di piu' della prima sessione? Sei riuscito/a a sperimentare o pianificare il "tempo di famiglia" e, se lo hai fatto, come e' andata?.

Nella massima liberta', provate a condividere come e' andata. Vi chiediamo di essere brevi dal momento che fra pochi minuti inizieremo con la proiezione del video di oggi.

Fate attenzione che nessuno monopolizzi la conversazione, che gli interventi siano brevi e il tempo rispettato. Al termine dei 10 minuti dite:

Interrompiamo ora questo momento per passare al primo video di oggi dal titolo Parole e Contatto. Potrete proseguire con la conversazione durante i due momenti di condivisione a piccoli gruppi successivi.

28 min - DVD

Date inizio alla riproduzione del DVD, Parte 1: Parole e contatto.

20 min - Prima condivisione

Rivolgendovi a tutti i partecipanti, dite:

Vi chiediamo ora di passare all'esercizio del vostro manuale Parole e contatto che trovate a pag. 27. Non svolgete l'esercizio che trovate nella seconda meta' di questa pagina perche' riservato ai corsi in 10 settimane. Condividete le vostre risposte a gruppi di due o di tre.

Disponete i partecipanti a mini-gruppi, tenendo le coppie unite. Nel frattempo servite un drink o un dessert (tê, caffê, tisana, bibita, succo di frutta, dolce, muffin, yogurt, frutta, ecc.).

Al termine del tempo stabilito per la condivisione dite:

Interrompiamo ora questo momento per passare al secondo video di oggi dal titolo Tempo, doni e gesti di servizio. Potrete proseguire la conversazione al termine del video, nei piccoli gruppi.

27 min - DVD

Date inizio alla riproduzione del DVD, Parte 2: Tempo, doni e gesti di servizio.

20 min- Seconda condivisione

Chiedete ai partecipanti di riprendere il manuale e al termine delle domande condividere quanto emerso nel mini-gruppo:

Vi chiediamo ora di aprire il manuale e rispondere alle domande che trovate alla fine della sessione, a pag. 31. Al termine condividete quanto riportato a gruppi di due o tre.

3 min- Conclusione e saluti

Terminate puntualmente. Concludete la sessione dicendo:

Vi ringraziamo per aver partecipato a questa seconda sessione del The Parenting Children Course. Vi raccomandiamo di portare a casa i manuali e di svolgere gli esercizi 1, 2, 3 e 4 che trovate da pag. 33 a 36.

Come sempre potete lasciare le penne qui, vi saranno consegnate la prossima volta.

Week 3
Mettere dei limiti

Sessione: 3
Durata: 1 ora e 57 min

In questa sessione i genitori rifletteranno su come fissare dei sani limiti ai propri figli. Nella prima parte saranno confrontati quattro diversi stili di genitore (negligente, autoritario, indulgente, autorevole) e si vedrà che quello autorevole, dato da una giusta combinazione di calore e fermezza, è quello che offre più benefici per la crescita di un bambino. Si analizzerà inoltre il concetto di scelte giuste e scelte sbagliate. I partecipanti saranno cosi' incoraggiati ad aiutare i propri bambini a prendersi le responsabilità per le proprie azioni.

Nella seconda parte, si analizzeranno diverse modalità pratiche attraverso le quali i genitori possono aiutare i propri bambini a fare delle scelte giuste. Sarà sottolineata l'importanza per i bambini di sperimentare le conseguenze delle proprie azioni nei casi in cui i limiti siano superati. I genitori saranno infine incoraggiati a lavorare assieme il più possibile nel fissare dei confini condivisi.

Preparazione
Controllate attentamente che tutto sia ben preparato, passando punto per punto la checklist che trovate in questa guida. Soffermatevi in preghiera chiedendo al Signore il dono dello Spirito Santo. Siate entrambi pronti!

Schema orario

10 min - Benvenuto e accoglienza

Accogliete i vostri ospiti, scambiando due parole, mettendoli a proprio agio. È un momento importantissimo. Al termine del tempo indicato fateli accomodare nella stanza che avete preparato secondo la "disposizione a cerchio".

Se qualche partecipante non fosse ancora arrivato, procedete lo stesso. Il partecipante in ritardo si unirà al gruppo in un secondo momento.

10 min - Informazioni iniziali e riepilogo

Date il benvenuto e le seguenti brevi informazioni iniziali:

Benvenuti alla terza sessione del The Parenting Children Course RitrovarSI+genitori.

Inizieremo ora con una condivisione breve di quanto trattato la volta scorsa. Nel manuale, a pag. 37 e 38, potete trovare alcuni brevi richiami ed un esercizio.

Come sapete, abbiamo parlato di come far sentire i nostri figli amati, dell'importanza di tenere il loro serbatoio d'amore sempre pieno, e dei cinque modi di comunicare l'amore.

L'esercizio che vi proponiamo e': cosa ti ha colpito di piu' della scorsa sessione? Sei riuscito/a a sperimentare uno dei cinque linguaggi dell'amore in modo nuovo questa settimana? Se lo hai fatto, come e' andata?.

Date il via alla condivisione facendo attenzione che gli interventi siano brevi e il tempo rispettato. Al termine dei 10 minuti dite:

Interrompiamo ora questo momento per passare al primo video di oggi dal titolo Amore e limiti. Potrete proseguire con la conversazione durante i due momenti di condivisione a piccoli gruppi successivi.

31 min - DVD

Date inizio alla riproduzione del DVD, Parte 1: Amore e limiti.

20 min - Prima condivisione

Rivolgendovi a tutti i partecipanti, dite:

Vi chiediamo ora di passare all'esercizio del vostro manuale Il comportamento naturale dei bambini che trovate a pag. 41. Non svolgete l'esercizio che trovate nella seconda meta' di questa pagina perche' riservato ai corsi in 10 settimane. Condividete le vostre risposte a gruppi di due o di tre.

Disponete i partecipanti a mini-gruppi, tenendo le coppie unite. Nel frattempo servite un drink o un dessert (tê, caffê, tisana, bibita, succo di frutta, dolce, muffin, yogurt, frutta, ecc.).

Al termine del tempo stabilito per la condivisione dite:

Interrompiamo ora questo momento per passare al secondo video di oggi dal titolo Aiutare i nostri bambini a fare scelte giuste. Potrete proseguire la conversazione al termine del video, nei piccoli gruppi.

23 min - DVD

Date inizio alla riproduzione del DVD, Parte 2: Aiutare i nostri bambini a fare scelte giuste.

20 min - Seconda condivisione

Chiedete ai partecipanti di riprendere il manuale e al termine delle domande condividere quanto emerso nel mini-gruppo:

Vi chiediamo ora di aprire il manuale e rispondere alle domande che trovate alla fine della sessione, a pag. 44 e 45. Al termine condividete quanto emerso a gruppi di due o tre.

3 min - Conclusione e saluti

Terminate puntualmente. Concludete la sessione dicendo:

Vi ringraziamo per aver partecipato a questa terza sessione del The Parenting Children Course. Vi raccomandiamo di portare con voi i manuali e di svolgere gli esercizi 1, 2 e 3 che trovate da pag. 46 a 48.

Come sempre potete lasciare le penne qui, vi saranno consegnate la prossima volta.

Week 4
Insegnare a costruire buone relazioni

Sessione: 4
Durata: 2 ore

In questa sessione i genitori partecipanti impareranno a come insegnare ai propri bambini a costruire buone relazioni. I bambini imparano a relazionarsi dal modo con cui nella propria famiglia si è soliti relazionarsi. L'esempio dei genitori ha un grande impatto su di loro. Nella prima parte si prenderà in esame l'ascolto efficace, una delle qualità più importanti che un genitore dovrebbe imparare. Negli esercizi si comprenderà l'importanza di ripetere al bambino cio' che si è ascoltato.

Nella seconda parte si parlerà dell'ira, di come gestirla in modo appropriato e di come aiutare i bambini a fare altrettanto. Sarà infine sottolineata l importanza del dare l esempio nel risolvere i conflitti, ad esempio dicendo mi dispiace o chiedendo perdono.

Preparazione
Controllate attentamente che tutto sia ben preparato, passando punto per punto la checklist che trovate in questa guida. Soffermatevi in preghiera chiedendo al Signore il dono dello Spirito Santo. Siate entrambi pronti!

Schema orario
10 min - Benvenuto e accoglienza

Accogliete i vostri ospiti, scambiando due parole, mettendoli a proprio agio. È un momento importantissimo. Al termine del tempo indicato fateli accomodare nella stanza che avete preparato secondo la "disposizione a cerchio".

Se qualche partecipante non fosse ancora arrivato, procedete lo stesso. Il partecipante in ritardo si unirà al gruppo in un secondo momento.

10 min - Informazioni iniziali e riepilogo

Date il benvenuto e le seguenti brevi informazioni iniziali:

Benvenuti alla quarta sessione del The Parenting Children Course RitrovarSI+genitori.

Inizieremo ora con una condivisione breve di quanto trattato la volta scorsa. Nel manuale, a pag. 49 e 50, potete trovare alcuni brevi richiami ed un esercizio.

Come sapete, abbiamo parlato dell'importanza di fissare dei confini appropriati per i nostrl bambini. I limiti aiutano il bambino a sviluppare l'autostima, il rispetto per l'autorita' ed un senso di sicurezza.

L'esercizio che vi proponiamo e': Cosa ti ha colpito di piu' della scorsa sessione? Hai cercato di applicare un limite questa settimana? Qual e' stato il risultato?.

Date il via alla condivisione facendo attenzione che gli interventi siano brevi e il tempo rispettato. Al termine dei 10 minuti dite:

Interrompiamo ora questo momento per passare al primo video di oggi dal titolo Dare l'esempio e mettere in pratica. Potrete proseguire con la conversazione durante i due momenti di condivisione a piccoli gruppi successivi.

30 min- DVD

Date inizio alla riproduzione del DVD, Parte 1: Dare l'esempio e mettere in pratica.

20 min - Prima condivisione

Questo esercizio è molto bello ma anche più articolato del solito. Consigliamo pertanto di leggere con calma e a tutti i partecipanti assieme il testo dell'esercizio o quanto di seguito riportato:

Vi chiediamo ora di passare all'esercizio del vostro manuale Ascolto efficace che trovate a pag. 52 e all'inizio di pag. 53. Non svolgete l'esercizio che trovate nella seconda meta' di pag. 53, perche' riservato ai corsi in 10 settimane.

Questo esercizio sara' svolto a gruppi di due persone, nei quali uno fara' finta di essere un bambino (tra 5 e 10 anni d'eta') e l'altro il genitore. Il "bambino" ripeta una delle otto frasi riportate e il "genitore" cerchi di riesprimere a parole sue i sentimenti del bambino.

Evitate di dare consigli o rassicurazioni e' questi potrebbero essere piu' utili in un secondo momento. Ad esempio, il bambino dice: "nella mia classe sono tutti piu' bravi di me a disegnare". Il genitore potrebbe rispondere: "sembra che tu abbia qualche difficolta' nel disegnare.

Il "bambino" indichi poi se il "genitore" ha capito oppure no, e il "genitore" provi ancora a riesprimere i sentimenti del "figlio". Ad esempio, bambino: "si, non riesco mai a fare quello che la maestra mi chiede", e il genitore: "questo deve essere piuttosto seccante per te".

Continuate la conversazione per un paio di minuti. Poi scambiatevi i ruoli, scegliete un'altra frase e ripetete l'esercizio.

Al termine, raccontatevi cosa avete provato nel sentirvi ascoltato nel ruolo di bambino e quanto sia stato facile o difficile riesprimere da "genitore" i sentimenti del "bambino".

Disponete i partecipanti a gruppi di due, tenendo le coppie unite. Nel caso un partecipante rimanesse da solo, uno di voi (coppia ospitante) partecipi all'esercizio.

Nel frattempo servite un drink o un dessert (tê, caffè, tisana, bibita, succo di frutta, dolce, muffin, yogurt, frutta, ecc.).

Al termine del tempo stabilito per la condivisione dite:

Interrompiamo ora questo momento per passare al secondo video di oggi dal titolo Gestire l'ira. Potrete proseguire la conversazione al termine del video, nei piccoli gruppi.

27 min - DVD

Date inizio alla riproduzione del DVD, Parte 2: Gestire l'ira.

20 min - Seconda condivisione

Chiedete ai partecipanti di riprendere il manuale e al termine delle domande condividere quanto emerso nel mini-gruppo:

Vi chiediamo ora di aprire il manuale e rispondere alle domande che trovate alla fine della sessione, a pag. 57 e 58. Al termine condividete quanto emerso a gruppi di due o tre.

3 min - Conclusione e saluti

Terminate puntualmente. Concludete la sessione dicendo:

Vi ringraziamo per aver partecipato a questa quarta sessione del The Parenting Children Course. Vi raccomandiamo di portare con voi i manuali e di svolgere gli esercizi 1 e 2 che trovate da pag. 59 a 62.

Come sempre potete lasciare le penne qui, vi saranno consegnate la prossima volta.

Week 5
I nostri obiettivi a lungo termine

Sessione: 5
Durata: 2 ore e 3 min

L'ultima sessione intende esplorare gli obiettivi a lungo termine della nostra famiglia e l'importanza per i genitori di preparare i propri figli ad una sana indipendenza. La prima parte aiuta i genitori a riconoscere i sintomi di un controllo non corretto delle vite dei bambini. Contiene consigli pratici per aiutare i figli a fare delle scelte giuste in ambiti come le droghe, l'alcol, Internet ed il sesso.

La seconda parte illustra come trasmettere i valori e la nostra fede ai bambini come pure i benefici delle tradizioni familiari, delle routine e delle abitudini nel creare quel senso di sicurezza e identità attraverso cui i valori possono essere comunicati più efficacemente.

Preparazione
Controllate attentamente che tutto sia ben preparato, passando punto per punto la checklist che trovate in questa guida. Soffermatevi in preghiera chiedendo al Signore il dono dello Spirito Santo. Siate entrambi pronti!

Schema orario
10 min - Benvenuto e accoglienza

Accogliete i vostri ospiti, facendoli accomodare, scambiando due parole. È un momento importantissimo. Al termine del tempo indicato fateli accomodare nella stanza che avete preparato secondo la 'disposizione a cerchio'.

Se qualche partecipante non fosse ancora arrivato, procedete lo stesso. Il partecipante in ritardo si unirà al gruppo in un secondo momento.

10 min Informazioni iniziali e riepilogo

Date il benvenuto e le seguenti brevi informazioni iniziali:

Benvenuti a questa quinta ed ultima sessione The Parenting Children Course RitrovarSI+genitori.

Vi distribuiamo ora delle cartoline di invito al The Parenting Children Course. Vi invitiamo, se volete, a donarle a genitori che ritenete potrebbero essere interessati a partecipare in futuro a questa iniziativa. Per chi volesse, ci sono anche dei poster utili da appendere in luoghi come scuole, palestre, parrocchie, ecc.

Per le coppie ospitanti che offrono anche il The Marriage Course o che sono in contatto con coppie ospitanti del The Marriage Course:
Vi distribuiamo inoltre delle cartoline di invito al The Marriage Course. E' un buon modo per proseguire il cammino iniziato per chi di voi e' genitore in coppia.

Vi lasciamo inoltre dei volantini di 'Mistero Grande', il progetto all'interno del quale e' offerto il The Parenting Children Course in Italia. Il Progetto Mistero Grande offre diverse opportunita' di esplorare la fede, la bellezza della relazione di coppia e del matrimonio.

Nei volantini sono inoltre riportate alcune informazioni per chi di voi volesse sostenere la diffusione di questa iniziativa e la creazione di altre simili.

Sarebbe molto utile ricevere da tutti voi alcuni commenti su questo corso. A tale scopo vi consegniamo un questionario, anonimo, con alcune brevissime domande.

In un altro foglio che faremo girare vi chiediamo di scrivere il vostro nome e l'indirizzo email, attraverso il quale, se lo vorrete, sarete informati di tanto in tanto di novita', eventi o corsi legati al The Parenting Children Course e al Progetto Mistero Grande.

Al termine dei 10 minuti dite:

Interrompiamo ora questo momento per passare al primo video di oggi dal titolo Incoraggiare alla responsabilita'. Potrete proseguire con la compilazione dei questionari al termine della seconda condivisione.

30 min - DVD

Date inizio alla riproduzione del DVD, Parte 1: Incoraggiare alla responsabilità.

20 min - Prima condivisione

Rivolgendovi a tutti i partecipanti, dite:

Vi chiediamo ora di passare all'esercizio del vostro manuale Lasciarli andare gradualmente che trovate a pag. 67. Non svolgete l'esercizio che trovate a pag. 68, perche' riservato ai corsi in 10 settimane. Condividete le vostre risposte a gruppi di due o di tre.

Disponete i partecipanti a mini-gruppi, tenendo le coppie unite. Nel frattempo servite un drink o un dessert (tè, caffè, tisana, bibita, succo di frutta, dolce, muffin, yogurt, frutta, ecc.).

Al termine del tempo stabilito per la condivisione dite:

Interrompiamo ora questo momento per passare al secondo video di oggi dal titolo Trasmettere la fede e i valori. Potrete proseguire la conversazione al termine del video, nei piccoli gruppi.

30 min - DVD

Date inizio alla riproduzione del DVD, Parte 2: Trasmettere la fede e i valori.

20 min - Seconda condivisione

Chiedete ai partecipanti di riprendere il manuale e al termine delle domande condividere quanto emerso nel mini-gruppo:

Vi chiediamo ora di aprire il manuale e rispondere alle domande che trovate alla fine della sessione, a pag. 72 e all'inizio di pag. 73. Al termine condividete quanto emerso a gruppi di due o tre.

3 min - Conclusione e saluti

Terminate puntualmente. Lasciate ancora qualche minuto per la compilazione dei questionari:

Vi lasciamo ora qualche minuto per completare la compilazione del questionario.

Concludete poi nel seguente modo:

Carissimi partecipanti, siamo giunti alla conclusione di questo percorso. Vi ringraziamo per aver partecipato. Per noi e' stato bello avervi qui, conoscervi e condividere con voi questo tratto di cammino insieme.

Come ricordo di questa serie di incontri, vi lasciamo un cartoncino di partecipazione. All'interno potete trovare il codice di questo corso, che servira' a quelli di voi che in futuro vorranno diventare coppia ospitante.

Il corso ovviamente non si conclude qui, ma da qui vuole iniziare, per diventare esperienza di vita concreta con i nostri bambini. Per questo vogliamo incoraggiarvi a completare a casa gli Esercizi 1-3 di pag. 75 e 76.

Ma soprattutto vogliamo incoraggiarvi a continuare questo cammino iniziato, e ad investire sempre piu' tempo ed energie nella relazione con i vostri bambini, sapendo che anche solo uno dei tanti consigli visti in questi incontri, se applicato bene, puo' fare un'enorme differenza nella loro vita di figli, e nella nostra di genitori.

Ricordate infine di non dimenticare le penne, ora possono tenerle.

Corsi in 10 settimane schema orario di ogni sessione

Si riportano in questo capitolo gli schemi orari di ogni sessione per i corsi in 10 settimane. Per la buona riuscita del corso vi raccomandiamo di rispettare fedelmente i tempi suggeriti.

Week 1
Costruire fondamenta solide (parte 1)

Sessione: 1
Parte: 1
Durata 1 ora e 27 min

Questa sessione va ad analizzare l'obiettivo di una famiglia. La famiglia dovrebbe essere un luogo dove i bambini trovano supporto, dove ci si diverte, dove trovano una bussola morale, un luogo da dove possono imparare a relazionarsi. Viene introdotta l'idea del 'tempo di famiglia' settimanale, un modo per divertirsi insieme e con regolarità.

Preparazione
Controllate attentamente che tutto sia ben preparato, passando punto per punto la checklist che trovate in questa guida. Soffermatevi in preghiera chiedendo al Signore il dono dello Spirito Santo. Siate entrambi pronti! Molti partecipanti, al primo incontro arrivano con un po' di anticipo.

Schema orario
10 min - Benvenuto e accoglienza

Accogliete i vostri ospiti, scambiando due parole, mettendoli a proprio agio. È un momento importantissimo. Al termine del tempo indicato fateli accomodare nella stanza che avete preparato secondo la 'disposizione a cerchio'.

Se qualche partecipante non fosse ancora arrivato, procedete lo stesso. Il partecipante in ritardo si unirà al gruppo in un secondo momento.

10 min - Informazioni iniziali

Date il benvenuto e le seguenti brevi informazioni iniziali:

Benvenuti al The Parenting Children Course RitrovarSi+genitori. Siamo contenti che siate qui desiderosi di investire tempo nella relazione con i vostri bambini.

Il The Parenting Children Course e' un corso che viene dall'Inghilterra, da una coppia di sposi Nicky e Sila Lee, che avrete modo di conoscere dai video proiettati'.

Ogni sessione sara' una combinazione di video e condivisioni tra genitori. Non preoccupatevi assolutamente! Vi assicuriamo fin da ora che non vi sara' chiesto di condividere nulla di privato dei vostri bambini e della vostra famiglia.

Se qualcuno di voi non potesse venire ad una delle prossime sessioni, non preoccupatevi. Fatecelo sapere e vi presteremo il DVD cosi' da poter recuperare la sessione a casa.

Se siete preoccupati riguardo a qualche aspetto della vostra esperienza di genitori non coperto da questo corso, possiamo suggerirvi dei consulenti di famiglia da contattare.

Vi consegniamo ora i vostri manuali personali che vi serviranno durante tutto il corso e negli esercizi a casa. Utilizzateli liberamente scrivendo quello che volete; sono personali e non verranno mai ritirati.

Vi invitiamo ora a presentarvi condividendo i vostri nomi, da dove venite, i nomi e l'eta' dei vostri bambini. Ci piacerebbe poi che ognuno provasse a dire qual e' la sfida principale che in questo periodo come genitore sta vivendo.

Chiediamo ovviamente a tutti la massima riservatezza riguardo a cio' che verra' condiviso ora e durante tutto il corso tra di voi.

33 min - DVD

Date inizio alla riproduzione del DVD, sessione 1 - parte 1: Il ruolo della famiglia.

30 min - Condivisione

Rivolgendovi a tutti i partecipanti, dite:

Vi chiediamo ora di passare all'esercizio del vostro manuale L'inventario del genitore che trovate a pag. 14 e alle domande di pag. 15. Condividete poi quanto emerso a gruppi di due o di tre.

Disponete i partecipanti a mini-gruppi, tenendo le coppie unite cioè nello stesso mini-gruppo. Ai partecipanti in coppia dite:

Consigliamo alle coppie qui presenti di utilizzare questo momento per pensare e decidere alcune idee e proposte concrete che potrebbero essere attuate nel breve con i propri bambini.

Nel frattempo servite un drink o un dessert (tê, caffè, tisana, bibita, succo di frutta, dolce, muffin, yogurt, frutta, ecc.).

4 min - Conclusione e saluti

Terminate puntualmente. Se lo ritenete opportuno, concludete con la seguente preghiera degli autori Nicky e Sila Lee, dicendo:

Gli autori Nicky e Sila sono soliti concludere al termine della seconda parte di ogni sessione video con una breve preghiera. Non essendoci una preghiera al termine della prima parte, gli stessi Nicky e Sila propongono la seguente, che ci piacerebbe condividere con voi:

"Signore, ti ringraziamo per ognuno dei nostri bambini. Ti preghiamo affinche' l'esperienza che i nostri bambini vivono in famiglia possa far crescere in loro un senso di profonda sicurezza, fiducia e significato. Per favore, aiutaci a rendere le nostre case luoghi dove i bambini possono costruire relazioni forti. Te lo chiediamo nel nome di Gesu'. Amen".

Vi ringraziamo per aver partecipato a questo primo incontro del The Parenting Children Course. Vi raccomandiamo di portare con voi i manuali e di svolgere l'esercizio 1 di pag. 21 e 22. Non fate l'esercizio 2 di pag. 23, perche' e' parte dell'incontro che vivremo la prossima settimana.

Questi esercizi sono importanti, rappresentano uno tra i principali punti di forza del metodo: vi aiutano a sperimentare e a mettere in pratica quanto ascoltato nei DVD, ad esempio il tempo di famiglia.

Potete lasciare le penne qui. Vi saranno consegnate la prossima volta e le potrete tenere al termine del corso.

Week 2
Costruire fondamenta solide (parte 2)

Sessione: 1
Parte: 2
Durata 1 ora e 35 min

In questa parte i genitori sono invitati a riflettere sugli obiettivi e la visione della propria famiglia. La sessione aiuta inoltre ad avere una vita familiare bella e in salute, incoraggiando il gioco attivo, il dedicare tempo ai bambini e lo stabilire delle sane routine riguardo il cibo e il tempo della buona notte.

Preparazione
Controllate attentamente che tutto sia ben preparato, passando punto per punto la checklist che trovate in questa guida. Soffermatevi in preghiera chiedendo al Signore il dono dello Spirito Santo. Siate entrambi pronti!

Schema orario
10 min Benvenuto e accoglienza

Accogliete i vostri ospiti, scambiando due parole, mettendoli a proprio agio. È un momento importantissimo. Al termine del tempo indicato fateli accomodare nella stanza che avete preparato secondo la 'disposizione a cerchio'.

Se qualche partecipante non fosse ancora arrivato, procedete lo stesso. Il partecipante in ritardo si unirà al gruppo in un secondo momento.

20 min - Informazioni iniziali e riepilogo

Date il benvenuto e le seguenti brevi informazioni iniziali:

Benvenuti al secondo incontro del The Parenting Children Course RitrovarSI+genitori (e benvenuti a quelli di voi che sono qui per la prima volta).

Abbiamo dei manuali in piu' nel caso alcuni di voi avessero dimenticato a casa il proprio.

Distribuite dei fogli bianchi ai partecipanti che hanno lasciato a casa il manuale.

Ricordatevi di scrivere i vostri appunti su questi fogli bianchi per poi trasferirli sul vostro manuale una volta a casa.

Inizieremo ora con una condivisione tutti insieme dei contenuti visti la volta scorsa, di quanto emerso negli esercizi fatti a casa, dei cambiamenti che siamo riusciti ad applicare durante questa settimana.

Nella massima liberta', provate a condividere come e' andata. Abbiamo circa 20 minuti per questo momento.

Fate attenzione che nessuno monopolizzi la conversazione, che gli interventi siano brevi e il tempo rispettato. Al termine dei 20 minuti dite:

Interrompiamo ora questo momento per passare al video di oggi dal titolo Esempi per una buona vita familiare. Potrete proseguire la conversazione al termine del video, nei piccoli gruppi.

32 min - DVD
Date inizio alla riproduzione del DVD, sessione 1 - parte 2: Esempi per una buona vita familiare.

30 min - Condivisione
Rivolgendovi a tutti i partecipanti, dite:

Vi chiediamo ora di passare all'esercizio del vostro manuale che trovate a pag. 20. Condividete poi quanto emerso a gruppi di due o di tre.

Nel frattempo servite un drink o un dessert (tè, caffè, tisana, bibita, succo di frutta, dolce, muffin, yogurt, frutta, ecc.).

3 min - Conclusione e saluti
Terminate puntualmente. Al termine dell'incontro di oggi, non si farà la preghiera perchè già fatta durante il video. Concludete pertanto nel seguente modo:

Vi ringraziamo per aver partecipato a questo secondo incontro del The Parenting Children Course. Vi raccomandiamo di portare con voi i manuali e di svolgere l'esercizio 2 di pag. 23 e 24.

Come sempre potete lasciare le penne qui, vi saranno consegnate la prossima volta.

Week 3
Soddisfare i bisogni dei nostri figli (parte 1)

Sessione: 2
Parte: 1
Durata 1 ora e 32 min

In questa sessione i genitori rifletteranno su come venire incontro ai bisogni dei bambini. Verrà introdotto il concetto di "serbatoio d'amore" dei bambini, il quale si riempie quando dimostriamo loro il nostro amore incondizionato. Attraverso i "cinque linguaggi dell'amore" di Gary Chapman, si analizzeranno i diversi linguaggi con i quali l'amore puo' essere comunicato. I primi due saranno considerati in questo incontro.

Preparazione

Controllate attentamente che tutto sia ben preparato, passando punto per punto la checklist che trovate in questa guida. Soffermatevi in preghiera chiedendo al Signore il dono dello Spirito Santo. Siate entrambi pronti!

Schema orario

10 min - Benvenuto e accoglienza

Accogliete i vostri ospiti, scambiando due parole, mettendoli a proprio agio. È un momento importantissimo. Al termine del tempo indicato fateli accomodare nella stanza che avete preparato secondo la 'disposizione a cerchio'.

Se qualche partecipante non fosse ancora arrivato, procedete lo stesso. Il partecipante in ritardo si unirà al gruppo in un secondo momento.

20 min - Informazioni iniziali

Date il benvenuto e le seguenti brevi informazioni iniziali:

Benvenuti a questo terzo incontro del The Parenting Children Course RitrovarSI+genitori.

Inizieremo ora con una condivisione breve di quanto trattato la volta scorsa. Nel manuale, a pag. 25, potete trovare alcuni brevi richiami ed un esercizio.

L'esercizio che vi proponiamo e': cosa ti ha colpito di piu' della prima sessione? Sei riuscito/a a sperimentare o pianificare il "tempo di famiglia" e, se lo hai fatto, come e' andata?.

Nella massima liberta', provate a condividere come e' andata. Abbiamo circa 20 minuti per questo momento.

Fate attenzione che nessuno monopolizzi la conversazione, che gli interventi siano brevi e il tempo rispettato. Al termine dei 20 minuti dite:

Interrompiamo ora questo momento per passare al video di oggi dal titolo Parole e contatto. Potrete proseguire la conversazione al termine del video, nei piccoli gruppi.

28 min - DVD

Date inizio alla riproduzione del DVD, sessione 2 - parte 1: Parole e contatto.

30 min - Condivisione

Rivolgendovi a tutti i partecipanti, dite:

Vi chiediamo ora di passare alle domande di pag. 27 e 28. Condividete le vostre risposte a gruppi di due o di tre.

Disponete i partecipanti a mini-gruppi, tenendo le coppie unite. Nel frattempo servite un drink o un dessert (tê, caffê, tisana, bibita, succo di frutta, dolce, muffin, yogurt, frutta, ecc.).

4 min - Conclusione e saluti

Terminate puntualmente. Se lo ritenete opportuno, concludete con la seguente preghiera degli autori Nicky e Sila Lee, dicendo:

Anche oggi ci piacerebbe concludere con una preghiera degli autori Nicky e Sila:

"Signore, ti ringraziamo perche' ognuno di noi e' stato creato per ricevere e donare amore. Ti preghiamo di aiutarci a mostrare amore ai nostri bambini con le parole e con il contatto fisico in modo che si sentano amati incondizionatamente. Te lo chiediamo nel nome di Gesa'. Amen"

Vi ringraziamo per aver partecipato a questo terzo incontro del The Parenting Children Course. Vi ricordiamo di portare con voi i manuali e di svolgere gli esercizi a casa, in particolare gli esercizi 1 e 2 di pag. 33 e 34.

Come sempre potete lasciare le penne qui, vi saranno consegnate la prossima volta.

Week 4
Soddisfare i bisogni dei nostri figli (parte 2)

Sessione: 2
Parte: 2
Durata 1 ora e 30 min

In questi incontro i genitori riprenderanno l'analisi dei "cinque linguaggi dell'amore" di Gary Chapman soffermandosi sui tre non visti la volta scorsa: tempo, doni e gesti di servizio.

Preparazione

Controllate attentamente che tutto sia ben preparato, passando punto per punto la checklist che trovate in questa guida. Soffermatevi in preghiera chiedendo al Signore il dono dello Spirito Santo. Siate entrambi pronti!

Schema orario

10 min - Benvenuto e accoglienza

Accogliete i vostri ospiti, scambiando due parole, mettendoli a proprio agio. È un momento importantissimo. Al termine del tempo indicato fateli accomodare nella stanza che avete preparato secondo la 'disposizione a cerchio'.

Se qualche partecipante non fosse ancora arrivato, procedete lo stesso. Il partecipante in ritardo si unirà al gruppo in un secondo momento.

20 min - Informazioni iniziali e riepilogo

Date il benvenuto e le seguenti brevi informazioni iniziali:

Benvenuti al quarto incontro del The Parenting Children Course RitrovarSI+ genitori.

Inizieremo ora con una condivisione tutti insieme dei contenuti visti la volta scorsa, di quanto emerso negli esercizi fatti a casa, dei cambiamenti che siamo riusciti ad applicare durante questa settimana.

Nella massima liberta', provate a condividere come e' andata. Abbiamo circa 20 minuti per questo momento.

Fate attenzione che nessuno monopolizzi la conversazione, che gli interventi siano brevi e il tempo rispettato. Al termine dei 20 minuti dite:

Interrompiamo ora questo momento per passare al video di oggi dal titolo

Tempo, doni e gesti di servizio. Potrete proseguire la conversazione al termine del video, nei piccoli gruppi.

27 min - DVD

Date inizio alla riproduzione del DVD, sessione 2 - parte 2: Tempo, doni e gesti di servizio.

30 min - Condivisione

Rivolgendovi a tutti i partecipanti, dite:

Vi chiediamo ora di passare alle domande del vostro manuale che trovate a pag. 32. Condividete le vostre risposte a gruppi di due o di tre.

Disponete i partecipanti a mini-gruppi, tenendo le coppie unite. Nel frattempo servite un drink o un dessert (tê, caffê, tisana, bibita, succo di frutta, dolce, muffin, yogurt, frutta, ecc.).

3 min - Conclusione e saluti

Terminate puntualmente. Al termine dell'incontro di oggi, non si farà la preghiera perchê già fatta durante il video. Concludete pertanto nel seguente modo:

Vi ringraziamo per aver partecipato a questo quarto incontro del The Parenting Children Course. Vi raccomandiamo di portare con voi i manuali e di svolgere gli esercizi a casa, in particolare il 3 ed il 4 di pag. 34, 35 e 36.

Come sempre potete lasciare le penne qui, vi saranno consegnate la prossima volta.

Week 5
Mettere dei limiti (parte 1)

Sessione: 3
Parte: 1
Durata 1 ora e 35 min

In questo incontro i genitori rifletteranno su come fissare dei sani limiti ai propri figli. Saranno confrontati quattro diversi stili di genitore (negligente, autoritario, indulgente, autorevole) e si vedrà che quello autorevole, dato da una giusta combinazione di calore e fermezza, è quello che offre più benefici per la crescita di un bambino. Si analizzerà inoltre il concetto di scelte giuste e scelte sbagliate. I partecipanti saranno cosi' incoraggiati ad aiutare i propri bambini a prendersi le responsabilità per le proprie azioni.

Preparazione

Controllate attentamente che tutto sia ben preparato, passando punto per punto la checklist che trovate in questa guida. Soffermatevi in preghiera chiedendo al Signore il dono dello Spirito Santo. Siate entrambi pronti!

Schema orario

10 min - Benvenuto e accoglienza

Accogliete i vostri ospiti, scambiando due parole, mettendoli a proprio agio. È un momento importantissimo. Al termine del tempo indicato fateli accomodare nella stanza che avete preparato secondo la "disposizione a cerchio".

Se qualche partecipante non fosse ancora arrivato, procedete lo stesso. Il partecipante in ritardo si unirà al gruppo in un secondo momento.

20 min Informazioni iniziali

Date il benvenuto e le seguenti brevi informazioni iniziali:

Benvenuti a questo quinto incontro del The Parenting Children Course RitrovarSI+genitori.

Inizieremo ora con una condivisione breve di quanto trattato la volta scorsa. Nel manuale, a pag. 37 e 38, potete trovare alcuni brevi richiami ed un esercizio.

Come sapete, abbiamo parlato di come far sentire i nostri figli amati, dell'importanza di tenere il loro serbatoio d'amore sempre pieno, e dei cinque modi di comunicare l'amore.

L'esercizio che vi proponiamo e': cosa ti ha colpito di piu' della scorsa sessione? Sei riuscito/a a sperimentare uno dei cinque linguaggi dell'amore in modo nuovo questa settimana? Se lo hai fatto, come e' andata?.

Fate attenzione che nessuno monopolizzi la conversazione, che gli interventi siano brevi e il tempo rispettato. Al termine dei 20 minuti dite:

Interrompiamo ora questo momento per passare al video di oggi dal titolo Amore e limiti. Potrete proseguire la conversazione al termine del video, nei piccoli gruppi.

31 min - DVD

Date inizio alla riproduzione del DVD, sessione 3 - parte 1: Amore e limiti.

30 min - Condivisione

Rivolgendovi a tutti i partecipanti, dite:

Vi chiediamo ora di passare all'esercizio del vostro manuale I comportamenti naturali dei bambini che trovate a pag. 41 e alle domande di pag. 41 e 42. Condividete le vostre risposte a gruppi di due o di tre.

Disponete i partecipanti a mini-gruppi, tenendo le coppie unite. Nel frattempo servite un drink o un dessert (tê, caffê, tisana, bibita, succo di frutta, dolce, muffin, yogurt, frutta, ecc.).

4 min Conclusione e saluti

Terminate puntualmente. Se lo ritenete opportuno, concludete con la seguente preghiera degli autori Nicky e Sila Lee, dicendo:

Anche oggi ci piacerebbe concludere con una preghiera degli autori Nicky e Sila:

"Signore, ti ringraziamo perche' ci aiuti a capire cio' che e' giusto e cio' che e' sbagliato. Ti preghiamo di aiutarci a trasmettere ai nostri bambini un giusto senso di responsabilita' per le proprie azioni. Per favore, aiutaci a trovare una giusta combinazione tra calore e fermezza e donaci la capacita' di controllarci e di fissare dei giusti confini per i nostri bambini. Te lo chiediamo nel nome di Gesu', Amen."

Vi ringraziamo per aver partecipato a questo quinto incontro del The Parenting Children Course. Vi ricordiamo di portare con voi i manuali e di svolgere gli esercizi a casa, in particolare l'esercizio 1 di pag. 46 e 47.

Come sempre potete lasciare le penne qui, vi saranno consegnate la prossima volta.

Week 6
Mettere dei limiti (parte 2)

Sessione: 3
Parte: 2
Durata 1 ora e 26 min

In questo incontro si analizzeranno diverse modalità pratiche attraverso le quali i genitori possono aiutare i propri bambini a fare delle scelte giuste. Sarà sottolineata l'importanza per i bambini di sperimentare le conseguenze delle proprie azioni nei casi in cui i limiti siano superati. I genitori saranno infine incoraggiati a lavorare assieme il più possibile nel fissare dei confini condivisi.

Preparazione

Controllate attentamente che tutto sia ben preparato, passando punto per punto la checklist che trovate in questa guida. Soffermatevi in preghiera chiedendo al Signore il dono dello Spirito Santo. Siate entrambi pronti!

Schema orario

10 min - Benvenuto e accoglienza

Accogliete i vostri ospiti, scambiando due parole, mettendoli a proprio agio. È un momento importantissimo. Al termine del tempo indicato fateli accomodare nella stanza che avete preparato secondo la "disposizione a cerchio".

Se qualche partecipante non fosse ancora arrivato, procedete lo stesso. Il partecipante in ritardo si unirà al gruppo in un secondo momento.

20 min - Informazioni iniziali e riepilogo

Date il benvenuto e le seguenti brevi informazioni iniziali:

Benvenuti al sesto incontro del The Parenting Children Course RitrovarSI+genitori.

Inizieremo ora con una condivisione tutti insieme dei contenuti visti la volta scorsa, di quanto emerso negli esercizi fatti a casa, dei cambiamenti che siamo riusciti ad applicare durante questa settimana.

Nella massima liberta', provate a condividere come e' andata. Abbiamo circa 20 minuti per questo momento.

Fate attenzione che nessuno monopolizzi la conversazione, che gli interventi siano brevi e il tempo rispettato. Al termine dei 20 minuti dite:

Interrompiamo ora questo momento per passare al video di oggi dal titolo Aiutare i nostri bambini a fare scelte giuste. Potrete proseguire la conversazione al termine del video, nei piccoli gruppi.

23 min - DVD

Date inizio alla riproduzione del DVD, sessione 3 - parte 2: Aiutare i nostri bambini a fare scelte giuste.

30 min - Condivisione

Rivolgendovi a tutti i partecipanti, dite:

Vi chiediamo ora di passare alle domande del vostro manuale che trovate a pag. 45. Condividete le vostre risposte a gruppi di due o di tre.

Disponete i partecipanti a mini-gruppi, tenendo le coppie unite. Nel frattempo servite un drink o un dessert (tê, caffê, tisana, bibita, succo di frutta, dolce, muffin, yogurt, frutta, ecc.).

3 min - Conclusione e saluti

Terminate puntualmente. Al termine dell'incontro di oggi, non si farà la preghiera perchê già fatta durante il video. Concludete pertanto nel seguente modo:

Vi ringraziamo per aver partecipato a questo sesto incontro del The Parenting Children Course. Vi raccomandiamo di portare con voi i manuali e di svolgere gli esercizi a casa, in particolare l'esercizio 2 di pag. 47 e 48.

Come sempre potete lasciare le penne qui, vi saranno consegnate la prossima volta.

Week 7
Insegnare a costruire buone relazioni (parte 1)

Sessione: 4
Parte: 1
Durata 1 ora e 34 min

In questo incontro i genitori partecipanti impareranno a come insegnare ai propri bambini a costruire buone relazioni. I bambini imparano a relazionarsi dal modo con cui nella propria famiglia si è soliti relazionarsi. L'esempio dei genitori ha un grande impatto su di loro. Si prenderà in esame l'ascolto efficace, una delle qualità più importanti che un genitore dovrebbe imparare. Negli esercizi si comprenderà l'importanza di ripetere al bambino cio' che si ê ascoltato.

Preparazione

Controllate attentamente che tutto sia ben preparato, passando punto per punto la checklist che trovate in questa guida. Soffermatevi in preghiera chiedendo al Signore il dono dello Spirito Santo. Siate entrambi pronti!

Schema orario

10 min - Benvenuto e accoglienza

Accogliete i vostri ospiti, scambiando due parole, mettendoli a proprio agio. È un momento importantissimo. Al termine del tempo indicato fateli accomodare nella stanza che avete preparato secondo la "disposizione a cerchio".

Se qualche partecipante non fosse ancora arrivato, procedete lo stesso. Il partecipante in ritardo si unirà al gruppo in un secondo momento.

20 min - Informazioni iniziali

Date il benvenuto e le seguenti brevi informazioni iniziali:

Benvenuti a questo settimo incontro del The Parenting Children Course RitrovarSI+genitori.

Inizieremo ora con una condivisione breve di quanto trattato la volta scorsa. Nel manuale, a pag. 49 e 50, potete trovare alcuni brevi richiami ed un esercizio.

Come sapete, abbiamo parlato di come aiutare i nostri bambini a fare delle scelte e l'importanza dei limiti, dell'importanza di fissare dei confini appropriati per i nostrl bambini. I limiti aiutano il bambino a sviluppare l'autostima, il rispetto per l'autorita' ed un senso di sicurezza.

L'esercizio che vi proponiamo e': Cosa ti ha colpito di piu' della scorsa sessione? Hai cercato di applicare un limite questa settimana? Qual e' stato il risultato?.

Fate attenzione che nessuno monopolizzi la conversazione, che gli interventi siano brevi e il tempo rispettato. Al termine dei 20 minuti dite:

Interrompiamo ora questo momento per passare al video di oggi dal titolo Dare l'esempio e mettere in pratica. Potrete proseguire con la conversazione durante i due momenti di condivisione a piccoli gruppi successivi.

30 min - DVD

Date inizio alla riproduzione del DVD, sessione 4 - parte 1: Dare l'esempio e mettere in pratica.

30 min - Condivisione

Questo esercizio è molto bello ma anche più articolato del solito. Consigliamo pertanto di leggere con calma e a tutti i partecipanti assieme il testo dell'esercizio o quanto di seguito riportato:

Vi chiediamo ora di passare all'esercizio del vostro manuale Ascolto efficace, che trovate a pag. 52 e 53 e alle domande di pag. 53 e 54.

La prima parte dell'esercizio sara' svolto a gruppi di due persone, nei quali uno fara' finta di essere un bambino (tra 5 e 10 anni d'eta') e l'altro il genitore. Il "bambino" ripeta una delle otto frasi riportate e il "genitore" cerchi di riesprimere a parole sue i sentimenti del bambino.

Evitate di dare consigli o rassicurazioni questi potrebbero essere piu' utili in un secondo momento. Ad esempio, il bambino dice: 'nella mia classe sono tutti piu' bravi di me a disegnare'. Il genitore potrebbe rispondere: "sembra che tu abbia qualche difficolta' nel disegnare".

Il "bambino" indichi poi se il "genitore" ha capito oppure no, e il "genitore" provi ancora a riesprimere i sentimenti del "figlio". Ad esempio, bambino: "si, non riesco mai a fare quello che la maestra mi chiede", ed il genitore: "questo deve essere piuttosto seccante per te".

Continuate la conversazione per un paio di minuti. Poi scambiatevi i ruoli, scegliete un'altra frase e ripetete l'esercizio.

Disponete i partecipanti a gruppi di due, tenendo le coppie unite. Nel caso un partecipante rimanesse da solo, uno di voi (coppia ospitante) partecipi all'esercizio.

Al termine dell'esercizio disponete i partecipanti a mini-gruppi, tenendo unite le coppie, e dite loro:

In questa seconda parte cercheremo di riflettere sul dialogo genitore-bambino appena sperimentato. Passate pure alle domande che trovate a pag. 53 e 54.

Nel frattempo servite un drink o un dessert (tè, caffè, tisana, bibita, succo di frutta, dolce, muffin, yogurt, frutta, ecc.).

4 min - Conclusione e saluti

Terminate puntualmente. Se lo ritenete opportuno, concludete con la seguente preghiera degli autori Nicky e Sila Lee, dicendo:

Anche oggi ci piacerebbe concludere con una preghiera degli autori Nicky e Sila:

"Signore, ti ringraziamo perche' ci ascolti quando ti parliamo. Ti preghiamo di aiutarci a diventare dei buoni ascoltatori dei nostri bambini, in modo che

possiamo riconoscere e comprendere cio' che loro sentono. Te lo chiediamo nel nome di Gesu', Amen".

Vi ringraziamo per aver partecipato a questo settimo incontro del The Parenting Children Course. Vi ricordiamo di portare con voi i manuali e di svolgere gli esercizi a casa, in particolare l'esercizio 1 di pag. 59 e 60.

Come sempre potete lasciare le penne qui, vi saranno consegnate la prossima volta.

Week 8
Insegnare a costruire buone relazioni (parte 2)

Sessione: 4
Parte: 2
Durata 1 ora e 30 min

In questo incontro si parlerà dell'ira, di come gestirla in modo appropriato e di come aiutare i bambini a fare altrettanto. Sarà infine sottolineata l'importanza del dare l'esempio nel risolvere i conflitti, ad esempio dicendo mi dispiace o chiedendo perdono.

Preparazione

Controllate attentamente che tutto sia ben preparato, passando punto per punto la checklist che trovate in questa guida. Soffermatevi in preghiera chiedendo al Signore il dono dello Spirito Santo. Siate entrambi pronti!

Schema orario

10 min Benvenuto e accoglienza

Accogliete i vostri ospiti, scambiando due parole, mettendoli a proprio agio. È un momento importantissimo. Al termine del tempo indicato fateli accomodare nella stanza che avete preparato secondo la "disposizione a cerchio".

Se qualche partecipante non fosse ancora arrivato, procedete lo stesso. Il partecipante in ritardo si unirà al gruppo in un secondo momento.

20 min - Informazioni iniziali e riepilogo

Date il benvenuto e le seguenti brevi informazioni iniziali:

Benvenuti all'ottavo incontro del The Parenting Children Course RitrovatSI+ genitori.

Inizieremo ora con una condivisione tutti insieme dei contenuti visti la volta scorsa, di quanto emerso negli esercizi fatti a casa, dei cambiamenti che siamo riusciti ad applicare durante questa settimana.

Nella massima liberta', provate a condividere come e' andata. Abbiamo circa 20 minuti per questo momento.

Fate attenzione che nessuno monopolizzi la conversazione, che gli interventi siano brevi e il tempo rispettato. Al termine dei 20 minuti dite:

Interrompiamo ora questo momento per passare al video di oggi dal titolo Gestire l'ira. Potrete proseguire la conversazione al termine del video, nei piccoli gruppi.

27 min - DVD

Date inizio alla riproduzione del DVD, sessione 4 - parte 2: Gestire l'ira.

30 min - Condivisione

Rivolgendovi a tutti i partecipanti, dite:

Vi chiediamo ora di passare alle domande del vostro manuale che trovate a pag. 58 e all'inizio di pag. 59. Condividete le vostre risposte a gruppi di due o di tre.

Disponete i partecipanti a mini-gruppi, tenendo le coppie unite. Nel frattempo servite un drink o un dessert (te', caffe', tisana, bibita, succo di frutta, dolce, muffin, yogurt, frutta, ecc.).

3 min Conclusione e saluti

Terminate puntualmente. Al termine dell'incontro di oggi, non si farà la preghiera perchè già fatta durante il video. Concludete pertanto nel seguente modo:

Vi ringraziamo per aver partecipato a questo ottavo incontro del The Parenting Children Course. Vi raccomandiamo di portare con voi i manuali e di svolgere gli esercizi a casa, in particolare l'esercizio 2 di pag. 60, 61 e 62.

Come sempre potete lasciare le penne qui, vi saranno consegnate la prossima volta.

Week 9
I nostri obiettivi a lungo termine (parte 1)

Sessione: 5
Parte: 1
Durata 1 ora e 34 min

Questo incontro intende esplorare gli obiettivi a lungo termine della famiglia e l'importanza per i genitori di preparare i propri figli ad una sana indipendenza. Aiuta i genitori a riconoscere i sintomi di un controllo non corretto delle vite dei bambini. Contiene consigli pratici per aiutare i figli a fare delle scelte giuste in ambiti come le droghe, l'alcol, Internet ed il sesso.

Preparazione

Controllate attentamente che tutto sia ben preparato, passando punto per punto la checklist che trovate in questa guida. Soffermatevi in preghiera chiedendo al Signore il dono dello Spirito Santo. Siate entrambi pronti!

Schema orario

10 min Benvenuto e accoglienza

Accogliete i vostri ospiti, scambiando due parole, mettendoli a proprio agio. È un momento importantissimo. Al termine del tempo indicato fateli accomodare nella stanza che avete preparato secondo la "disposizione a cerchio".

Se qualche partecipante non fosse ancora arrivato, procedete lo stesso. Il partecipante in ritardo si unirà al gruppo in un secondo momento.

20 min Informazioni iniziali

Date il benvenuto e le seguenti brevi informazioni iniziali:

Benvenuti a questo nono incontro del The Parenting Children Course RitrovarSI+genitori.

Inizieremo ora con una condivisione breve di quanto trattato la volta scorsa. Come sapete abbiamo parlato di ira e di come gestire i momenti di ira, quelli nostri e quelli dei nostri bambini. Siete riusciti ad ottenere qualche miglioramento, qualche risultato?

Fate attenzione che nessuno monopolizzi la conversazione, che gli interventi siano brevi e il tempo rispettato. Al termine dei 20 minuti dite:

Interrompiamo ora questo momento per passare al video di oggi dal titolo

Incoraggiare alla responsabilita'. Potrete proseguire con la conversazione durante i due momenti di condivisione a piccoli gruppi successivi.

30 min - DVD

Date inizio alla riproduzione del DVD, sessione 5 - parte 1: Incoraggiare alla responsabilità.

30 min Condivisione

Rivolgendovi a tutti i partecipanti, dite:

Vi chiediamo ora di passare all'esercizio del vostro manuale Lasciarli andare gradualmente che trovate a pag. 67 e alle domande di pag. 68.

Disponete i partecipanti a mini-gruppi, tenendo le coppie unite. Nel frattempo servite un drink o un dessert (tê, caffê, tisana, bibita, succo di frutta, dolce, muffin, yogurt, frutta, ecc.).

4 min Conclusione e saluti

Terminate puntualmente. Se lo ritenete opportuno, concludete con la seguente preghiera degli autori Nicky e Sila Lee, dicendo:

Anche oggi ci piacerebbe concludere con una preghiera degli autori Nicky e Sila:

"Signore, ti ringraziamo perche' ci guidi e ci proteggi. Ti preghiamo di aiutarci a guidare e a proteggere i nostri bambini, aiutandoli a crescere nella responsabilita' delle proprie azioni e a fare delle scelte giuste. Te lo chiediamo nel nome di Gesu', Amen".

Vi ringraziamo per aver partecipato a questo nono incontro del The Parenting Children Course. Vi ricordiamo di portare con voi i manuali e di svolgere gli esercizi a casa, in particolare gli esercizi 1 e 2 di pag. 75 e 76.

Come sempre potete lasciare le penne qui, vi saranno consegnate la prossima volta.

Week 10
I nostri obiettivi a lungo termine (parte 2)

Sessione: 5
Parte: 2
Durata 1 ora e 33 min

Questo ultimo incontro illustra come trasmettere i valori e la nostra fede ai bambini come pure i benefici delle tradizioni familiari, delle routine e delle abitudini nel creare quel senso di sicurezza e identità attraverso cui i valori possono essere comunicati più efficacemente.

Preparazione

Controllate attentamente che tutto sia ben preparato, passando punto per punto la checklist che trovate in questa guida. Soffermatevi in preghiera chiedendo al Signore il dono dello Spirito Santo. Siate entrambi pronti!

Schema orario

10 min - Benvenuto e accoglienza

Accogliete i vostri ospiti, scambiando due parole, mettendoli a proprio agio. È un momento importantissimo. Al termine del tempo indicato fateli accomodare nella stanza che avete preparato secondo la "disposizione a cerchio".

Se qualche partecipante non fosse ancora arrivato, procedete lo stesso. Il partecipante in ritardo si unirà al gruppo in un secondo momento.

20 min - Informazioni iniziali e riepilogo

Date il benvenuto e le seguenti brevi informazioni iniziali:

Benvenuti a questa decima ed ultima sessione The Parenting Children Course RitrovarSI+genitori.

Vi distribuiamo ora delle cartoline di invito al The Parenting Children Course. Vi invitiamo, se volete, a donarle a genitori che ritenete potrebbero essere interessati a partecipare in futuro a questa iniziativa. Per chi volesse, ci sono anche dei poster utili da appendere in luoghi come scuole, palestre, parrocchie, ecc.

Per le coppie ospitanti che offrono anche il The Marriage Course o che sono in contatto con coppie ospitanti del The Marriage Course:

Vi distribuiamo inoltre delle cartoline di invito al The Marriage Course. E' un buon modo per proseguire il cammino iniziato per chi di voi e' genitore in coppia.

Vi lasciamo inoltre dei volantini di "Mistero Grande", il progetto all'interno del quale e' offerto il The Parenting Children Course in Italia. Il Progetto Mistero Grande offre diverse opportunita' di esplorare la fede, la bellezza della relazione di coppia e del matrimonio. Nei volantini sono inoltre riportate alcune informazioni per chi di voi volesse sostenere la diffusione di questa iniziativa e le creazione di altre simili.

Sarebbe molto utile ricevere da tutti voi alcuni commenti su questo corso. A tale scopo vi consegniamo un questionario, anonimo, con alcune brevissime domande.

In un altro foglio che faremo girare vi chiediamo di scrivere il vostro nome e l'indirizzo email, attraverso il quale, se lo vorrete, sarete informati di tanto in tanto di novita', eventi o corsi legati al The Parenting Children Course e al Progetto Mistero Grande.

Terminata la compilazione dei questionari, se rimane ancora un po' di tempo, avviate una breve condivisione sul tema della settimana precedente:

In questi minuti che rimangono prima di passare al video, volevamo chiedervi come e' andata la settimana. Siete riusciti ad applicare qualcosa di nuovo?.

Fate attenzione che nessuno monopolizzi la conversazione, che gli interventi siano brevi e il tempo rispettato. Al termine dite:

Interrompiamo ora questo momento per passare al video di oggi dal titolo Trasmettere la fede e i valori. Potrete proseguire la conversazione al termine del video, nei piccoli gruppi.

30 min - DVD

Date inizio alla riproduzione del DVD, sessione 5 - parte 2: Trasmettere la fede e i valori.

30 min - Condivisione

Rivolgendovi a tutti i partecipanti, dite:

Vi chiediamo ora di passare alle domande del vostro manuale che trovate a meta' di pag. 73 e a pag. 74. Condividete le vostre risposte a gruppi di due o di tre.

Disponete i partecipanti a mini-gruppi, tenendo le coppie unite. Nel frattempo servite un drink o un dessert (tê, caffê, tisana, bibita, succo di frutta, dolce, muffin, yogurt, frutta, ecc.).

3 min - Conclusione e saluti

Terminate puntualmente. Lasciate ancora qualche minuto per la compilazione dei questionari se necessario.

Carissimi partecipanti, siamo giunti alla conclusione di questo percorso. Vi ringraziamo per aver partecipato. Per noi e' stato bello avervi qui, conoscervi e condividere con voi questo tratto di cammino insieme.

Come ricordo di questa serie di incontri, vi lasciamo un cartoncino di partecipazione. All'interno potete trovare il codice di questo corso, che servira' a quelli di voi che in futuro vorranno diventare coppia ospitante.

Il corso ovviamente non si conclude qui, ma da qui vuole iniziare, per diventare esperienza di vita concreta con i nostri bambini. Per questo vogliamo incoraggiarvi a completare a casa l'esercizio 3 di pag. 76.

Ma soprattutto a continuare questo cammino iniziato, e ad investire sempre piu' tempo ed energie nella relazione con i vostri bambini, sapendo che anche solo uno dei tanti consigli visti in questi incontri, se applicato bene, puo' fare un'enorme differenza nella loro vita di figli, e nella nostra di genitori.

Ricordate infine di non dimenticare le penne, ora possono tenerle.

I nostri TPCC

Codice coppia ospitante

-

Codice del corso

Data Inizio

- -

1

Data Fine

Codice del corso

Data Inizio

- -

2

Data Fine

Codice del corso

Data Inizio

- -

3

Data Fine

Codice del corso

Data Inizio

- -

4

Data Fine

Codice del corso

Data Inizio

5

Data Fine

Codice del corso

Data Inizio

6

Data Fine

Codice del corso

Data Inizio

7

Data Fine

Codice del corso

Data Inizio

8

Data Fine

Codice del corso

Data Inizio

9

Data Fine

Codice del corso

Data Inizio

\- -

10

Data Fine

Codice del corso

Data Inizio

\- -

11

Data Fine

Codice del corso

Data Inizio

\- -

12

Data Fine

Codice del corso

Data Inizio

\- -

13

Data Fine

Codice del corso

Data Inizio

\- -

14

Data Fine

Codice del corso

\- -

Data Inizio

15

Data Fine

Codice del corso

\- -

Data Inizio

16

Data Fine

www.ingramcontent.com/pod-product-compliance
Lightning Source LLC
LaVergne TN
LVHW012350220826
846091LV00016B/4185

* 9 7 8 1 9 0 9 3 0 9 2 7 2 *